Dagmar Beckmann & Christoph Potting

Glücksorte am Lago Maggiore

Fahr hin & werd glücklich

Dieses

Glücksbuch

ist für

Liebe Glücksuchende,

Lass uns träumen am Lago Maggiore, wo das Glück Deine Wünsche erfüllt … So besingt in den 1960er-Jahren Rudi Schuricke den norditalienischen See und viele deutsche Urlauber nehmen ihn beim Wort, fahren über die Alpen, schwimmen im See und flanieren über die Uferpromenaden. Verführt von einem Klima, in dem Azaleen und Kamelien prächtig gedeihen und Parks und Palazzi in Kleinode verwandeln. Seither ist sein Image ein wenig verblasst und der Massentourismus hat sich andere Destinationen gesucht – was den vielfältigen Kultur- und Naturorten rundum ganz gut bekommt. Der Lago Maggiore liegt im Grenzland, ist beschenkt mit der Vielfalt der Schweiz und Italiens, des Piemont und der Lombardei. Spannungsvolle Brüche erwarten einen auch an seinem kleinen Nachbarn: dem Lago d'Orta. Zu Recht wird er als romantischster See Norditaliens beschrieben. An beiden Seen haben wir Orte gefunden, die Geschichte und wunderbare Geschichten erzählen und an denen das Glück viele Wünsche erfüllt …

Ihre Dagmar Beckmann & Ihr Christoph Potting

GLÜCK

Deine Glücksorte ...

... noch mehr Glück für dich

Der Balkon des Cusio

1 Santuario della Madonna del Sasso, Lago d'Orta

Zu Beginn des 20. Jahrhunderts legte sich der Rechtsanwalt und Bürgermeister Isidoro Bedoni aus Boleto gegen mächtige Wirtschaftsinteressen ins Zeug und zugleich mit dem Bischof von Novara und dem Pfarrer vor Ort an. Bedoni sah die auf einem steilen Granitsporn über dem Lago d'Orta thronende Wallfahrtskirche Madonna del Sasso in Gefahr. Schon seit Jahrhunderten wurde am Steilhang unterhalb der strahlend weißen Kirche kostbarer Granit abgebaut, verrichteten dort Steinmetze ihre harte und gefährliche Arbeit. Dass die 1748 fertiggestellte Barockkirche den Stein, italienisch sasso, in ihrem Namen trägt, erinnert daran, dass die Heilige Jungfrau im Jahr 1752 wie durch ein Wunder einigen Steinmetzen das Leben vor herabstürzenden Steinmassen gerettet haben soll. Aber die Dynamitsprengungen drohten nun den Felsen und mit ihm die Kirche zum Einsturz zu bringen. Bedoni, ein mutiger Mann, dem man den Spitznamen *Präsident der Republik Boleto* gegeben hatte, zog die Notbremse. Unterstützt durch die Dorfbewohner und eine Volksabstimmung entzog der Republikaner, Antifaschist und Mitglied der Demokratischen Volkspartei der kirchlichen Autorität, deren Unterstützung sich die Besitzer der Steinbrüche bislang immer gewiss sein konnten, die Verwaltung des Gotteshauses und die Verwendung von Sprengstoff wurde eingeschränkt. Zum Glück. Denn von keinem Ort über dem Lago sind die Rundumblicke so atemberaubend, erschließt sich die melancholische Magie des Sees derart eindrucksvoll. Der aus Luino am Lago Maggiore stammende Schriftsteller Piero Chiara beschreibt dieses atemberaubende Setting, das man vom Kirchplatz hoch über dem See vor Augen hat, ungefähr so: *Dort drüben Orta, das Aquarell Gottes mit seiner noblen, von Palazzi und Bürgerhäusern gerahmten Piazza, deren kompakte Fassaden sich hinter Kastanienbäumen verstecken. Davor die Insel San Giulio, die Dantes Fegefeuer gleicht und zwischen Wasser und Himmel zu schweben scheint.*

TIPP

Das beste Eis am Lago d'Orta gibt es in der Gelateria Antica Torre am Seeufer in Pella.

● Santuario della Madonna del Sasso, Via Panoramica, I-28894 Madonna del Sasso, www.santuariomadonnadelsasso.it

Verlorenes Brot

2

Staudamm Panperduto, Somma Lombardo

In der Abendsonne scheint das imposante Bauwerk über dem Wasser zu schweben. Radfahrer ziehen vorbei, eine Gruppe Kanuten wartet auf das Öffnen der Schleusentore. Haubentaucher und Enten streifen auf Nahrungssuche über das Wasser. Willkommen am Panperduto. Seit dem Jahr 1884 zweigt diese 290 Meter breite klassizistische Industriekathedrale das Flusswasser des Ticino in zwei Kanäle ab: den Canale Industriale und den nach seinem Konstrukteur benannten Canale Villoresi. Beide veränderten die Metropole Mailand und die Poebene nachhaltig. Der Canale Villoresi speist ein dicht vernetztes System von Zweigkanälen und damit bis heute die Landwirtschaft und Reisproduktion in der Poebene, der Canale Industriale liefert die Energie für fünf Wasserkraftwerke. Schon lange vor der Fertigstellung dieser strategischen Wasserweiche war der Ticino eine bedeutende Logistikachse zwischen dem Lago Maggiore und Mailand. Verschifft wurden über den im 12. Jahrhundert kanalisierten Wasserlauf Holz und Baumaterialien, unter anderem auch der Marmor für den Bau des Mailänder Doms. Das war nicht immer gefahrlos. Stromschnellen brachten die Lastkähne zuweilen zum Kentern, was für die Bootsleute den Verlust ihres Verdienstes bedeutete. Verlorenes Brot – *pane perduto* – die heute zum UNESCO-Weltkulturerbe zählende Bewässerungsanlage ist so zu ihrem Namen gekommen. Seit der EXPO Milano im Jahr 2015 entfaltet sie ihr volles Potenzial. Das alte Schleusenhaus mit Infopoint sowie Café, Restaurant und Gasthaus nutzen seitdem Radfahrer auf ihren Touren über die alten Treidelpfade entlang der Kanäle bis Mailand und Pavia. Unterwegs im Ausflugsboot lernt man die biologische Vielfalt des Naturparks Ticino kennen und legt an der kleinen, vom Fluss und den Kanälen umspülten Insel Confurto an, wo das italienisch-schweizerische Wassermuseum die Regionalgeschichte des Wassers erzählt. Zur Abkühlung in den nahen Ticino springen kann man an der Spiaggia del Fogador, einem beliebten Kiesbadestrand.

TIPP

Mit einem am Infopoint Panperduto geliehenen Fahrrad auf einen Tagestrip Richtung Mailand gehen.

● Staudamm Panperduto, Via Lungo Canale Villoresi 4, I-21019 Somma Lombardo
www.panperduto.it

On the rocks

3 Klettergarten Cinzanino, Maccagno

Das Klettern geschieht auf eigene Gefahr. Die Verwendung von Helm und Gurt ist obligatorisch. Klettern ohne Seil ist verboten. So lauten einige Regeln an den Gneiswänden in Maccagno. Für Bergsteiger, Alpinisten und Fans des Boulderns ist Maccagno ein Geheimtipp. Hier, am Ostufer des Lago Maggiore zwischen Luino und der Schweizer Grenze, erhebt sich eine Felswand in eine Höhe von 200 Metern – ein Kletterparadies direkt über dem Lago Maggiore. Die Palestra di Roccia Il Cinzanino bietet Touren aller Schwierigkeitsgrade und für jeden Stil. Anfänger und Fortgeschrittene holen sich ihren Kick bei der angstlustvollen Bewältigung der Vertikalen, überwinden Überhänge oder arbeiten sich Schritt für Schritt über passend gesetzte Verschraubungen nach oben. Konzentration ist allemal verlangt. Beim Auf- und Abstieg sei der Kopf der wichtigste Muskel, hat der im Jahr 1992 verstorbene Ausnahmekletterer Wolfgang Güllich einmal gesagt. Das mag für Maccagno ganz besonders gelten, denn das atemberaubende Setting bietet verführerische Ablenkung. Wenn die Climber an Seil und Haken unmittelbar über dem Wasser schweben, lassen sie beim Zwischenstopp gerne mal die Blicke über den See schweifen. In den Sommermonaten kann das Klettern an der sonnenverwöhnten Felswand allerdings zu einer schweißtreibenden Aktion werden. Ausweichen kann man dann auf die Außenterrasse des Restaurants und Informationsbüros – einen attraktiven Platz zum Chillen und um Klettererfahrungen auszutauschen, während man auf die kühlen Abendstunden wartet und das Seepanorama vom Felsen aus genießt. Bricht schließlich die Nacht herein, wird es in dem beleuchteten Klettergarten fast noch schöner. An Wochenenden verwandelt der Sound von Heavy-Metal- und Rockbands häufig den gesamten Platz in eine trendige Outdoor-Location. Dann gehen viele im Rhythmus der Musik noch einmal die Felswände hoch und lassen anschließend die Nacht in der Bar über dem See ausklingen. On the rocks und voll cool.

TIPP

Picknicken vor der Chiesa La Madonnina della Punta in Maccagno – ein natürlicher Balkon über dem See.

● Palestra di Roccia Il Cinzanino (Klettergarten Cinzanino), Strada Statale 394, I-21010 Maccagno, www.la-vecchia-strada.it

Licht & Farbenspiele

4 Fondazione Calderara, Vacciago, Lago d'Orta

Ihn inspirierte die fast asketische Abgeschiedenheit an den Ufern des Lago d'Orta. Daher richtete sich der Maler Antonio Calderara in Vacciago, oberhalb von Orta San Giulio auf der Ostseite des Sees, sein Atelier in einem Palazzo ein. Drei Gebäude rahmen einen Innenhof, in dem heute Skulpturen und Objekte Platz finden und dessen Loggien fünf auf Granitsäulen ruhende Bögen diskrete Eleganz verleihen. An sonnigen Tagen spiegelt sich in den unteren Arkaden das Grün des Rasens, in den oberen Stockwerken verbreitet das Rotbraun des Terrakottabodens eine geheimnisvolle Stimmung. Von dort ist auch der Lago d'Orta zu sehen, eine Perspektive, die Calderara immer wieder zur Inspiration gesucht haben soll. 1903 in Abbiategrasso geboren, lebte der Autodidakt bis zu seinem Tod im Jahr 1978 in diesem Haus in Vacciago. Seinen künstlerischen Ausdruck hatte er zuvor in Mailand geformt. Aber es zog ihn an den melancholischen Lago, weil er verstehen wollte, was Malerei wirklich ist und welche Bedeutung Licht und Farbe zukommt. Anfänglich arbeitete er noch figurativ, ging dann aber immer mehr zu abstrakten Kompositionen über. Sein Hang zur Geometrie verband sich mit eigenwilligen farblichen Nuancierungen. Im Jahr 1966 notierte der Kunstkritiker Giulio Carlo Argan: *Für Calderara ist die Malerei wie ein Prisma, das einen Lichtstrahl auffängt und ihn in seine farbigen Bestandteile zerlegt.* Heute würde man den Künstler als einen Netzwerker bezeichnen, der zu anderen prominenten Kollegen aus Europa und Amerika, aus Japan und China enge Beziehungen unterhielt und deren Werke er sammelte. Von Jahr zu Jahr kamen so Bilder und Skizzen, Objekte und Installationen der Moderne zusammen, vor allem der Avantgarde aus den 1950er- und 1960er-Jahren, die der Maler mit eigenen Werken zu einer Kunstkollektion ergänzte und der er einen schlichten Namen gab: *Die Geschichte von Antonio Calderara und eine Auswahl seiner zeitgenössischen Künstlerfreunde.*

TIPP
Auf der Terrasse der Osterietta in Vacciago gibt es regionale Käse- und Schinkenvariationen.

● Fondazione Antonio Calderara, Via Bardelli 9, I-28010 Vacciago di Ameno
www.fondazionecalderara.it

Glaubensrivalen

5 Convento Monte Mesma, Ameno, Lago d'Orta

Vom Olivenbaum im Kirchhof schweift der Blick über den glitzernden See und zur Isola San Giulio, die leicht und luftig in den Wellen treibt. Weiter hinten thront über den Hügeln bedrohlich-majestätisch das Bergmassiv des Monte Rosa. Der 1635 fertiggestellte Klosterkomplex des Monte Mesma liegt in einem Naturschutzgebiet, in dem sich Kunst und Natur, Spiritualität und Geschichte begegnen. Einst stand hier eine Burg der Langobarden – an einer strategisch bedeutsamen Position, denn unten am See verlief die Handelsstraße zwischen der Poebene und den Alpen. Doch der Monte Mesma erzählt auch eine verzwickte Kirchengeschichte. Als nämlich zu Beginn des 17. Jahrhunderts die beiden Franziskanerbrüder Bernardino und Giovanni Obicini aus Ameno den Bau des heiligen Ortes in Angriff nehmen wollten, waren die Kapuziner auf dem benachbarten Sacro Monte in Orta außer sich. Ein weiteres Kloster im gleichen Einzugsgebiet würde ihre Einkünfte aus Almosen schmälern. Um eine weitere Bruderschaft auf dem Monte Mesma zu verhindern, schlossen sie sich mit ihrer Gemeinde unten am See zusammen und ließen dem Bischof von Novara ein zweifelhaftes Dossier über die Pläne der Franziskaner zukommen. Die Lage eskalierte. Im Dunkel der Nacht wurden Pamphlete an die Hauswände in Ameno geheftet, die die Franziskaner beleidigten. Zur Vergeltung rückten mit Armbrust und Eisenknüppeln Bewaffnete zum Sacro Monte aus und schlugen den Kapuzinerstatuen in den Kapellen auf dem Heiligen Berg Bärte und Hüte vom Kopf. Erst als die Heilige Kongregation in Rom intervenierte, ging es mit dem Vorhaben doch weiter. Eine Klosteranlage mit zwei prächtigen Kreuzgängen, einer dem heiligen Franziskus geweihten Kirche und zwei durch dichte Kastanienwälder führenden Kreuzwegen entstand an einem Ort von seltener Schönheit. Bis heute betreiben die Franziskaner dieses Kloster, bestellen ihre Gärten auf dem Hochplateau und bieten Einzelpersonen und Gruppen Raum für Begegnung und Einkehr.

TIPP

Planschen, Sonnenbaden und eine Pizza auf der Seeterrasse: Das alles bietet der Lido di Gozzano.

● Convento Monte Mesma, Località Monte Mesma 17, I-28010 Ameno
www.conventomontemesma.it
(Verabredungen für Besichtigungen: Tel. +39 03 22 99 81 08)

Die Mischung macht's

6 Wasserhahnmuseum, San Maurizio d'Opaglio

Das Wasser vom Brunnen nach Hause schleppen, die Wäsche zum dörflichen Waschhaus tragen, Henkelkannen an Quellen mit Trinkwasser füllen. In vielen Ländern der Welt ist das – meist von Frauen und Kindern bewältigter – Alltag, an fließendes Wasser aus dem eigenen Hahn nicht zu denken. In Europa hingegen ist das fast überall eine Selbstverständlichkeit. Die Domestizierung des Wassers hat eine lange Geschichte, hatte Auswirkungen auf Städte und Regionen, hat aber vor allem das alltägliche Leben beeinflusst, Hygiene- und Ernährungsgewohnheiten verändert und einen komfortablen Lebensstil ermöglicht. Das Wasserhahnmuseum am Lago d'Orta erzählt von dieser Technologie- und Kulturrevolution. Nicht von ungefähr befindet es sich hier. Das weltweit einzigartige Museum liegt nämlich in einer Region Italiens, die sich seit den 1960er-Jahren auf die Technologien zur Zähmung, Dosierung, Mischung und Verteilung von Wasser spezialisiert hat. Allein im südlichen Uferort San Maurizio d'Opaglio arbeitet jeder fünfte Stadtbewohner in diesem Netzwerk von Kleinunternehmen, in dem Regler und Armaturen, Thermostate und Dichtungen, Mischbatterien und Hähne hergestellt werden. Die in dem Städtchen im April 1995 eröffnete Dauerausstellung *Der Mensch und das Wasser* erzählt nicht nur die Technik- und Kulturgeschichte des Wasserhahns, sondern legt auch die historischen Wurzeln der Entwicklung dieses Industrieclusters frei. Was heute als schick designte Hightechprodukte in die Baumärkte kommt, hat oft eine aufregende Innovationsgeschichte. Zum Beispiel die Mischbatterie. Zwar erfanden schon in der Römerzeit Techniker Wasserhähne, die abwechselnd kaltes und heißes Wasser lieferten. Aber erst im Jahr 1975 machte der Hersteller Ideal Standard die Mischbatterie zu einem ganz gewöhnlichen Produkt. Wer das originelle Museum in der Hauptstadt des Wasserhahns am Lago d'Orta besucht, wird beim nächsten Händewaschen ganz sicher daran zurückdenken.

TIPP

Ein köstliches piemontesisches Überraschungsmenü – im Ristorante Antica Cartiera in Pella.

● Museo del Rubinetto e della sua Tecnologia, Piazza Martiri 1, I-28017 San Maurizio d'Opaglio, www.museodelrubinetto.it

Hyperikone

7 Mona-Lisa-Museum, Cadero, Val Veddasca

Am Sonntagabend des 20. August 1911 schloss sich ein kleinwüchsiger Mann mit einem schwarzen Schnurrbart in einem Lagerraum des Pariser Louvre ein und verbrachte dort die Nacht. Als um 7.20 Uhr der Wachmann den Museumssaal verließ, nutzte er die Gunst der Stunde, nahm die *Mona Lisa* aus ihrem Rahmen, versteckte sie unter seinem weiten Mantel und ging in aller Seelenruhe zum Ausgang. Da die Klinke der Eingangstür fehlte, bat er einen Handwerker des Museums darum, sie zu öffnen. Der Raub eines der berühmtesten und wertvollsten Bilder der Welt wurde erst um 11 Uhr am Morgen bemerkt. Die *Mona Lisa* war verschwunden – fast jede Zeitung der Welt machte diese Geschichte zu ihrem Aufmacher und so den Diebstahl zu einem medialen Großereignis. Viele Kunstexperten behaupten seitdem, erst diese internationale Aufmerksamkeit habe die geheimnisvoll lächelnde Florentinerin zu einer Hyperikone gemacht. Zeitsprung ins 21. Jahrhundert. Auf der Ostseite des Lago Maggiore schlängeln sich Serpentinen in ein abgelegenes, pittoreskes Tal. An grünen Grasmatten der voralpinen Hügellandschaft kleben Dörfer mit Dächern aus Steinplatten, Kastanienwälder reichen bis in tief gefurchte Bergtäler, kleine Kirchen und Kapellen sitzen auf Balkonen über Schluchten. Eine von ihnen soll zwei Jahre lang das Versteck der *Mona Lisa* gewesen sein. Der Dieb, ein Anstreicher namens Vincenzo Peruggia, kam nämlich ganz aus der Nähe, dem Dorf Dumenza im Val Veddasca. Und nicht wenige Bewohner des Tals behaupten bis heute, die im Louvre von Millionen Besuchern jährlich bestaunte Frau sei eine Fälschung und das Original befinde sich noch immer irgendwo im Val Veddasca. Zwei Brüder sollen das Versteck in einer Kirche in der Umgebung des Dorfes Cadero für Peruggia organisiert haben, der, wie er später aussagte, das Meisterwerk da Vincis in seine Heimat habe zurückbringen wollen. In Cadero erzählt ein kleines Museum, geöffnet von Donnerstag bis Sonntag, die Geschichte eines Kunstdiebstahls, der Zeitgeschichte schrieb.

TIPP

Der Agriturismo Pian del Lares in Armioveddasca hat Käse- und Salamispezialitäten im Angebot.

● Museo della Gioconda, Via F. Barbitta, I-21010 Cadero

Arte a Cadero
Il Mito della Gioconda in val Veddasca
MICRO
MUSEO
CADERO
TAXUS

Am rauschenden Bach

8 Mulini di Piero, Val Veddasca

Die schwarze Verzascaziege ist offenbar ein neugieriges Exemplar ihrer Art. Sie folgt dem Wanderer nun seit geraumer Zeit auf Schritt und Tritt und die übrigen Tiere der weidenden Herde tun es ihr nach. Zwischen den alten Steinhäusern auf der Wiese am Fluss Giona bringt die grasenden Ziegen so schnell nichts aus der Ruhe. Der Wildbach rauscht und sprudelt talwärts Richtung Lago Maggiore, Gumpen und kleine Wasserfälle ermuntern zu einem erfrischenden Bad. Oder dazu, unter Bäumen zu dösen und zu chillen, dem frischen, quirligen Wasser zu lauschen, die Augen zu schließen und sich in eine Zeit zurückzuträumen, die hier stehen geblieben scheint. Das Mühlendorf von Piero ist ein magischer Ort direkt am Fluss, der seit dem 18. Jahrhundert einem ganzen Weiler die Energie für das Mahlen von Getreide liefert. Man meint, die Düfte des Weizens in der Nase zu haben und die sich rhythmisch drehenden Räder im Ohr. Seit über 40 Jahren sind die Mühlen stillgelegt, seither kümmern sich Kulturinitiativen aus dem Tal um diesen sehenswerten Ort, um seine Instandhaltung und um die Konservierung regionaler Siedlungs- und Industriegeschichte. Eine Mühle hat bereits ihr mächtiges Antriebsrad aus Kastanienholz zurückbekommen und in den Innenräumen ist auch das Mühlsteinsystem noch erhalten. Das historische Mühlencluster verdeutlicht exemplarisch den gewaltigen Technologiesprung durch die vom Wasser angetriebenen Maschinen. Eine einzige Mühle von bescheidener Größe kann an einem Tag Arbeiten verrichten, für die zuvor bis zu 40 Menschen und viele domestizierte Tiere schuften mussten. Nicht nur Piero ist Mühlenland, die ganze weitere Umgebung von Luino: Über 60 alte Handwerks- und Industriegebäude zählen zum kulturellen Erbe der Region. Unbestrittene Königin der Landschaft ist die schwarze Verzascaziege. Konkurrenz macht ihr nur die Alpengämse. Aus der Milch dieser beiden Rassen wird der köstliche Formaggella del Luinese hergestellt – für das nächste Picknick ist damit bestens gesorgt.

TIPP

Die Trattoria El Barchet liegt in dem über 2000 Steintreppen erreichbaren Bergdorf Monteviasco.

● Mühlendorf Mulini di Piero, Strada provinciale 6, I-21010 Curiglia con Monteviasco

Findlinge

9 Monolith Sass Caválasc, Golf von Quassa, Ranco

Dieser Kaventsmann verdankt seinen Namen seiner besonderen Form. Was da am Golfo della Quassa am Sandstrand zwischen Ranco und Ispra aus dem Wasser auftaucht, soll einem Pferdekopf ähnlich sein, der noch tief in den sumpfigen Tiefen des Sees ruht. In den Sommermonaten nutzen Badende den 8 mal 4 Meter großen Findling als Rutschbahn oder tauchen im Topf der Giganten, einem einzigartigen Loch, das Wasser und Strömung geformt haben. Viele bringen diese Kolosse mit Geschichten von Teufeln und Riesen in Verbindung, die sie von Berggipfeln heruntergeworfen haben sollen. Tatsächlich können solche gigantischen Felsen von normalen Menschen ja kaum bewegt worden sein. Sind sie auch nicht. Denn wie zahlreiche andere Steinungetüme der Region – etwa der Sass da Preja Buia in Sesto Calende oder der Monsorino bei Castelletto Ticino – haben sie eine lange Reise hinter sich. Und sie erzählen von der Entstehungsgeschichte des Lago Maggiore. Vor 60.000 Jahren verschob sich die von einer Schnee- und Eisdecke bedeckte Alpenkette vom Gotthard und Simplon allmählich Richtung Süden. Gewaltigen Räummaschinen ähnelnd schleppten diese Gletscher riesige Steine mit sich, schoben Geröll und Sandmassen talwärts und frästen damit das Seebecken des Lago Maggiore aus. Und ließen gleichsam als Erinnerung an die erfolgreiche geologische Schwerstarbeit Findlinge wie den Sasso Cavallazzo zurück. Der mächtige Felsblock aus grünlich gefaltetem Serpentinschiefer ragt als einziger auch bei normalem Wasserstand aus dem See heraus. Da er eine eindrucksvolle erdgeschichtliche Vergangenheit verkörpert, hat ihn die Region Lombardei unter besonderen Schutz gestellt und als Naturdenkmal eingestuft. Auch der flache sandige Seeboden am Golfo della Quassa ist ein Erbe der Quartärsvergletscherung und ein Glück für Spaziergänger und Wasserratten, die in den Sommermonaten den attraktiven Strand für Badespaß nutzen.

TIPP

Der Uferweg entlang der Fornaci di Ispra, der alten Kalkbrennöfen, hat magischen Zauber.

● Monolith Sass Caválasc, Seeufer des Parco del Golfo della Quassa, I-21020 Ranco/Varese

Kolossal

10 Colosso di San Carlo, Arona

Steigen Sie die Wendeltreppe hinauf und nehmen Sie zuletzt noch ein paar Stufen einer Leiter. Dann sind Sie im Kopf des *Carlone* angekommen. Jetzt sehen Sie von da oben den Lago Maggiore mit den Augen Carlo Borromeos – ein einzigartiges Panorama. Denn die gewaltige Kupferstatue des einstigen Kardinals auf einer Anhöhe über Arona hat Gucklöcher, nicht nur für die Augen, sondern auch für Nase und Ohren. Seit 1698 steht Carlo auf seinem Sockel und erhebt schützend die Hand über den See. Direkt gegenüber, auf der anderen Seeseite, liegt trutzig die Rocca di Angera, das Anwesen der mächtigen Adelsfamilie, als deren Spross er 1538 zur Welt gekommen ist. Früh entschied er sich für ein Leben in den Diensten der katholischen Kirche, wurde Erzbischof von Mailand, engagierte sich für die Opfer der grassierenden Pest und der Hungersnöte, übernahm aber auch eine führende Rolle in der Gegenreformation, was ihm 25 Jahre nach seinem Tod die Heiligsprechung einbrachte. Sein Cousin Federico Borromeo folgte Carlo als Erzbischof von Mailand nach und wollte mit einem außergewöhnlichen Ort an ihn erinnern. Federico hatte durchaus Größeres im Sinn: die Errichtung eines Sacro Monte in Arona. Allerdings war, als er im Jahre 1614 den ersten Stein dafür verlegte, nicht absehbar, dass Kriege und Seuchen das Vorhaben unmöglich machen würden. Doch immerhin nahm der Koloss San Carlo Gestalt an – in 86 Jahren Bauzeit. Und um dann zwei Jahrhunderte lang mit 34 Metern die höchste Statue der Welt zu sein, bis ihm die Freiheitsstatue in New York mit 46 Metern Höhe den Rang ablief. Die französischen Konstrukteure der *Statue of Liberty*, Bartholdi und Eiffel, haben sich den heiligen Karl zum Vorbild genommen; Bartholdi hat sich sogar längere Zeit am Lago Maggiore aufgehalten, um von der Konstruktionsweise des *Carlone* in Arona zu lernen. Und so wie er sollte auch die Freiheitsstatue begehbar sein. Eine Gedenktafel am Fuß der Freiheitsstatue in New York erinnert noch daran: Der heilige Karl war das Vorbild.

TIPP

Im Laden der Käserei Luigi Guffanti Formaggi 1876 in Arona haben Gourmets die Qual der Wahl.

● Colosso di San Carlo, Piazzale San Carlo, I-28041 Arona
www.statuasancarlo.it

Teuflisches Reptil

11

Basilisk-Brunnen, Malesco

Als Giorgio Cavalli den Auftrag bekam, den Platz vor der Pfarrkirche in Malesco im Val Vigezzo mit einem Brunnen neu zu gestalten, begab er sich zunächst auf eine Reise zur Motivsuche. Und stieß in den vielen Geschichten, die in der Region bis heute erzählt werden, auf heilige Ungeheuer und angsteinflößende Reptilien. Man erzählte ihm von einem Tier mit starken hypnotischen Kräften und der Fähigkeit, ätzende Flüssigkeit auszuspucken. Nicht nur im Val Vigezzo, sondern im gesamten Alpengebiet traf Giorgio auf solche Berichte von magischen Kreaturen, Teufeln und Drachen, die überall ihr Unwesen treiben, immer bereit, ihre Territorien gegen die Menschen zu verteidigen. Und nicht nur der verbreitete Volksglaube erzählt davon, auch respektierte Gelehrte und seriöse Wissenschaftler entdecken in diesen Geschichten einen wahren Kern. Sie bringen sie mit der geologischen Beschaffenheit des Ossolagebirges in Verbindung. Denn in der Region finden sich reichlich Fossilien mit Abdrücken und Spuren von Muscheln, Fischen und Tierskeletten. Ist es also nicht vorstellbar, dass eines dieser prähistorischen Fossilien in den umliegenden Bergen und dem nahen wilden Naturschutzgebiet des Val Grande bis heute noch existiert? Eines davon hat jedenfalls von der Hand Giorgio Cavallis überlebt und als Basilisk auf dem Brunnen von Malesco im Jahr 2002 einen repräsentativen Platz gefunden. Mitten in einem wie eine Blume geformten Becken klammert sich die drachenähnliche, grünlich schimmernde Kreatur an einen rötlichen Speckstein. Der Brunnen gehört zum Ökomuseum Ed Leuzerie e di Scherpelit, das die regionale Geschichte des Specksteins erzählt. Anders als in den überlieferten Geschichten geht von der Fontana del Basilisco kein großer Schrecken mehr aus. Wenn im Sommer Hunderte von Besuchern zum jährlichen Kurzfilmfestival Malescorto ins Städtchen kommen, lassen sie die Abende gerne auf den Mauern des Brunnens in vertrauter Nähe zu diesem Teufelskerl ausklingen.

TIPP

Um die Ecke ist der kleine Naturpark Oasi Pian dei Sali, ein schönes Feuchtgebiet mit Picknickplatz.

● Basilisk-Brunnen, Piazza della Chiesa, I-28854 Malesco

See-Fisch

12 Ristorante Da Giò, Solcio di Lesa

Barschfilets mit Butter und Salbei, Terrine mit Seefisch und Felchenfilets in Weißweinsauce mit Petersilie: Schon ein Blick auf die Speisekarte des Fischrestaurants im Golf von Solcio lässt das Wasser im Munde zusammenlaufen. Aber auch die originelle Location ist Grund genug, hier haltzumachen. Man ist nämlich zu Gast in einem Hausboot, das im Hafenbecken festgemacht hat. Durch die großen Fensterscheiben im Da Giò blickt man auf ein reges Treiben: Fischer machen ihre Boote startklar, daneben liegt ein Schwimmcontainer mit Netzen, Reusen und Benzinkanistern. Etwas weiter am Ufer ragen die Kräne einer Schiffswerft auf und Freizeitskipper steuern zur Mittagspause das Ristorante an. Was für sie dann auf den Tisch kommt, sind seltene regionale Spezialitäten, denn nur wenige Restaurants am Lago Maggiore haben noch Fisch aus dem See auf der Karte. Giorgio Brovelli, der Kopf der Fischer-Cooperative in Solcio und einer der wenigen aktiven Berufsfischer am See, will sich nicht damit abfinden, dass der Beruf des Fischers auszusterben droht. Waren vor 50 Jahren noch 200 Fischerfamilien auf dem Lago aktiv, werfen heute gerade mal 20 in den Nächten ihre Netze aus. Die Gründe für diesen Exodus: Ende der 2000er-Jahre wiesen Labortests eine erhöhte Konzentration von DDT in vielen Fischen nach. Verursacht wurde das durch einen Chemiekomplex bei Domodossola, der das Insektizid produziert und sein Abwasser über den Fluss Toce in den See leitete, was zu einem zehnjährigen Fischereiverbot auf dem Lago Maggiore und praktisch zum Erliegen der Berufsfischerei führte. Mittlerweile haben sich Fische und See von dieser Umweltkatastrophe erholt und seit den 1970er-Jahren sorgen auch immer mehr Kläranlagen für sauberes Seewasser – so sauber, dass das nun wiederum abträglich ist für große Fischbestände, die nicht mehr ausreichend Nahrung finden, was den wenigen Barschen, Felchen, Forellen und Zandern, die in Giorgios schwimmendem Restaurant serviert werden, jedoch nicht anzumerken ist.

TIPP

Der Park und die Villa Cavallini in Lesa sind Teil des reichen Architekturerbes am Lago Maggiore.

● Ristorante Da Giò, Via al Campeggio 10, I-28040 Solcio di Lesa, Tel. +39 03 22 7 70 86

VOLVO
PENTA
da Giò
Nel Golfo di Solcio

Wiedergeburt

13

Bemberg-Pumpstation, Lagna, Lago d'Orta

Am Südwestufer zeigt der Lago d'Orta alle Facetten seiner Schönheit. Die Isola San Giulio thront schimmernd in seiner Mitte, ein schmaler Spazierweg schlängelt sich am Ufer entlang, Bäume spenden Schatten, gegenüber am Hang liegen verstreut Villen und Palazzi. Auch Enten lieben diesen Seeabschnitt besonders, sind in Großfamilien unterwegs. Hier und da laden kleine Badestellen zur Erfrischung in das kristallklare Wasser. Dass das mal ganz anders war, daran erinnert eine verrottende Pumpstation mitten in diesem verführerischen Ambiente. Sie gehört zu einem deutschen Großunternehmen namens Bemberg, das in den 1920er-Jahren einen Produktionsstandort für Kunstseide in Gozzano am Südufer des Sees eröffnete. Die Pumpstation versorgte die Fabrik mit ihren rund 2000 Arbeitsplätzen mit Seewasser, das das Unternehmen dann, angereichert mit gelösten Schwermetallen und Ammoniumpartikeln, wieder zurück in den Lago d'Orta entließ und so dafür sorgte, dass sich sein Wasser binnen kurzer Zeit sozusagen in Essig verwandelte und es im übersäuerten See bald kein biologisches Leben mehr gab. Zeitensprung in die 1960er-Jahre: Am Lago d'Orta entwickelte sich ein einzigartiges Industriecluster. Duschköpfe und Wasserhähne, Regler und Dichtungen wanderten von hier in die Baumärkte Europas. Das Abwasser der Fabriken, reich an Kupfer, Nickel, Zink und Chrom, landete wiederum im See. So lange, bis dann endlich in den 1990er-Jahren die Wende kam. Wissenschaftler eines renommierten Wasser- und Umweltforschungsinstituts, des CNR in Pallanza, wollten nämlich die Situation nicht länger hinnehmen und fassten einen verwegenen Plan. Noch nie hatte man ein Wasserbecken von der Größe des Lago d'Orta zu renaturieren versucht. Sie wagten es, verteilten über zwei Jahre hinweg Tausende Tonnen Kalk auf dem See, der Säure und Metalle binden soll. Und es funktionierte! Heute hat der Lago d'Orta wieder Trinkwasserqualität. Seine Wiedergeburt, *La Rinascita del Lago,* ist zum Glück gelungen.

TIPP

Von der Bar Due di Picche in Pella hat man wunderbare Blicke auf die Isola San Giulio und den See.

● Bemberg-Pumpstation, Lungolago F.M. Beltrami, Südufer des Lago d'Orta, I-28017 Lagna

Verwunschen

14 Parco dei Lagoni di Mercurago

Es ist ein faszinierender Kontrast. Von der eleganten Altstadt Aronas und der Ausfallstraße mit Megastores und Supermärkten an der Südspitze des Lago Maggiore ist es hierher nur ein Katzensprung. Und dann sitzt man am Ufer eines verwunschenen Teichs und schaut den Vögeln beim Fischefangen zu. Obwohl ab und an am Himmel Flugzeuge in Richtung Malpensa ihre Bahnen ziehen, fühlt man sich in diesem kompakten, kleinen Naturpark meilenweit entfernt von Siedlungsräumen und Infrastrukturen, aber auch von den Palmen und den Oleandersträuchen des Lago Maggiore. Stra di Panèl da Gatic – Stra di Lagon – Stra di Sel: Ein dichtes Wegenetz für Radfahrer und Spaziergänger erschließt ein Patchwork aus Teichen, Mooren und Heidelandschaft, von Birken- und Buchenwäldern. In Schilfgebieten wuchern seltene Sumpfpflanzen. Reiher, Zwergtaucher und weitere 110 zum Teil sehr seltene Vogelarten nisten, rasten und überwintern im Park, der zu jeder Jahreszeit seine eigenen Reize entfaltet. Sind im Frühling die Wälder licht und durchscheinend, so spiegeln sich im Herbst ihre Rot- und Brauntöne in den Tümpeln und Wasserlöchern. Und wenn die Sonne im Sommer so richtig brennt und die Seerosen auf den Teichen blühen, könnte das Picknick im Schatten der Bäume am besten kein Ende finden. Im Winter schließlich verzaubert der Frost die Landschaft und Eisblumen funkeln in der Sonne. Seit den 1980er-Jahren steht der Parco Naturale von Mercurago unter landschaftlichem Schutz, was auch mit seinem besonderen archäologischen Reichtum zu tun hat. Denn hier und da finden sich am Wegesrand alte Grabstätten, etwa auf dem Motto Lagone, wo Wissenschaftler eine Nekropole mit zehn Gräbern aus der Römerzeit ausgegraben haben. Die dort gefundenen Urnen, Schalen, Gläser, Vasen und Schmuckstücke kann man im archäologischen Museum von Arona bewundern. Dass man außerdem im Park zufällig prähistorische Pfahlbauten entdeckt hat, hat der verwunschenen Landschaftsinsel 2011 die Auszeichnung als UNESCO-Welterbe eingebracht.

TIPP

Ein Besuch im Museo Civico Archeologico di Arona ist eine spannende Zeitreise.

● Parco Naturale dei Lagoni di Mercurago mit Besucherzentrum, Via Gattico 6, I-28041 Mercurago di Arona

Weitblicke

15 Montorfano, Fondotoce, Lago di Mergozzo

Es ist ein faszinierendes Panorama, das sich vom 794 Meter hohen Montorfano aus öffnet. Einem Meer ähnlich dehnt sich unten der Lago Maggiore in die dunstige Weite, mit den Borromäischen Inseln vor Stresa wie Tupfer im See. Der kleinere Bruder des großen Gewässers, der gleich danebenliegende rundliche Lago di Mergozzo, nimmt sich dagegen angesichts dieser eindrucksvollen Ausdehnung geradezu putzig aus. Ursprünglich war er mit dem Lago Maggiore verbunden, bildete eine kleine Bucht im Nordwesten des Borromäischen Golfs. Mittelalterliche Dokumente sprechen vom Sinus Mergotianus, dem Mergozzo-Arm des Lago Maggiore. Weil aber mit den Fluten des Toce aus den Alpen kommend Erde und Geröll ins Tal geschwemmt wurden, entstand nach und nach ein Damm, der ab dem 15. Jahrhundert den Lago di Mergozzo ganz vom Lago Maggiore abtrennte. Die beiden Gewässer sind heute nur durch einen etwa 3 Kilometer langen Kanal miteinander verbunden. Der Toce hat unten in der Ebene von Fondotoce auch fruchtbares Schwemmland geschaffen, eine produktive Heimat von Kamelien- und Oleanderzüchtern. Über das Delta hinweg fällt der Blick vom Montorfano auf die ersten Ausläufer des wilden Naturparks Val Grande. Auf beiden Seiten des Toce klaffen an den Hängen offene Wunden, die die seit dem Mittelalter in den Berg geschlagenen Steinbrüche hinterlassen haben. Auch der Montorfano ist von intensivem Abbau gezeichnet, denn sein weißer Granit war ein besonders begehrter Stein, aus dem zum Beispiel die Säulen für den Portikus des Mailänder Krankenhausareals Lazzaretto gefertigt wurden. Im Jahr 1830 waren fast 40 Steinbrüche auf dem kleinen Berg am Lago di Mergozzo aktiv. Von dort gingen die Steine auf eine lange Reise über das Wasser – über den Toce, den Ticino, dann den Lago Maggiore und schließlich den im 12. Jahrhundert entstandenen Verbindungskanal Naviglio Grande – nach Mailand, zur Baustelle des prächtigen Doms der norditalienischen Metropole.

TIPP

In Montorfano bietet die Associazione Somariamente Spaziergänge mit Eseln.

● Belvedere Montorfano, Via Montorfano, I-28802 Montorfano (Mergozzo)

Majestätisch

16 Kaschmir-Zypresse, Isola Madre, Stresa

Sie gilt als einer der schönsten Bäume der Welt. Im Jahr 1862 kam die Kaschmir-Zypresse in einem Paket mit frischem Samen aus dem Himalaya zur Isola Madre und wuchs im Lauf der Zeit zum größten und ältesten Baum seiner Art in Europa und zum Symbol der Insel heran. Um Haaresbreite hätte ihr allerdings im Juni 2006 ein Wirbelsturm ein Ende gemacht. Der mächtige Stamm geriet damals so sehr in Schieflage, dass seine Wurzeln schon seitlich aus der Erde ragten. Die Rettung des Baums war eine hochtechnische botanische Operation: Ein Netz von wuchtigen Spannseilen hält seither die 25 Tonnen schwere Zypresse aufrecht. Sie residiert in einem Kunst-Natur-Ambiente, das Gustave Flaubert im Jahr 1845 so beschrieb: *Es ist der üppigste Ort, den ich je auf der Welt gesehen habe.* Tatsächlich hat die Familie Borromeo die Isola Madre, seit sie sie im Jahr 1501 gekauft hatte, über mehrere Generationen hinweg in eines der Wunder des Lago Maggiore verwandelt. Und da die jüngsten Nachfahren des Adelsclans, Giberto und Bona Borromeo, im Jahr 1978 entschieden, die Öffentlichkeit an diesem Schatz teilhaben zu lassen, ist eine Zeitreise auf die Isola Madre kein exklusives Vergnügen mehr. Der prächtige Palazzo Borromeo aus dem 16. Jahrhundert, den die Zypresse beschattet, prahlt mit einer kaum vorstellbaren Opulenz. Wandteppiche, exquisites Mobiliar und Gemälde, Säle, Salons und prunkvoll dekorierte Himmelbetten bilden ein faszinierendes Fresko höfischen Lebens. Und draußen flaniert man rund um die Zypresse in einem der ältesten botanischen Gärten Italiens, einem subtropischen Paradies. Magnolien- und Bambushaine gehen in duftende Pergolen mit Glyzinien über. Spaliere von Zitrusbäumen wechseln mit Ensembles von Kamelien und Rhododendren. In diesem Märchenland streunen leibhaftige Fasane und Papageien frei herum. Und wenn einer der weißen Pfauen unter der Zypresse sein Rad schlägt, meint man wirklich, in einem irdischen Paradies zu sein.

TIPP

Mit einem Imbiss oder einem Spritz im Inselgarten in der Caffetteria La Serra eine Pause einlegen.

● Kaschmir-Zypresse, I-28838 Isola Madre

Runde Sache

17 Veranstaltungszentrum Maggiore, Verbania

Es ist ein funktioneller Behälter, der wie eine Skulptur gestaltet ist. Ein modernes futuristisches Kunstwerk, das allen, die die Stadt besuchen oder zu einer Veranstaltung kommen, in Erinnerung bleibt. So beschreibt Salvador Pérez Arroyo, der in Madrid geborene Architekt, das Centro Eventi Il Maggiore, das eindrucksvolle neue Kultur- und Veranstaltungszentrum in Verbania, mit dem er 2014 gemeinsam mit dem italienischen Architekturbüro Bargone Associati den europäischen Gestaltungswettbewerb gewonnen hat. Tatsächlich staunten die Bewohner der Stadt und die Besucher von auswärts nach zwei Jahren Bauzeit nicht schlecht. Entstanden war eine kühne Konstruktion aus vier Rundlingen, die zwischen See und Himmel zu schweben scheinen. Für diejenigen, die sich vom Wasser her Verbania nähern, zum Beispiel mit der Fähre von Laveno, sieht es aus, als lägen vier übergroße Kieselsteine an der Mündung des San Bernardino – ein durchaus beabsichtigter Effekt der Architekten, die sich Seekiesel für die Gestaltung des Bauwerks zum Vorbild genommen haben. Und damit die vier *sassi* auch eine natürliche Strahlkraft entfalten, verschalten sie die vier Baukörper, eine Konstruktion aus Stahlbeton, zunächst mit Holz und brachten darauf dann Platten aus vorverwittertem Titanzink auf. Das bringt der Außenhaut des Gebäudes seine charakteristische Schattierung und eine Färbung, die bestens mit See und Himmel harmoniert. Das mit dem *International Architecture Award 2017* ausgezeichnete Centro Eventi beherbergt zwei Säle für 500 und 200 Personen, eine Bühne mit Orchestergraben und ein großes Foyer mit einer riesigen Glasfront zu See und Bergen hin. Auch die Außenarena für Open-Air-Veranstaltungen liegt unmittelbar am Wasser und bietet Platz für über 2000 Besucher. Draußen laden außerdem im Schatten der knuddeligen Rundlinge eine Bar und ein Restaurant zum Besuch. Eröffnet wurde das Centro Eventi Il Maggiore 2016 mit einem Konzert der Berliner Symphoniker.

TIPP

Die Osteria del Castello in Verbania ist ein traditionsreicher Ort zum Essen und Trinken.

● Centro Eventi Il Maggiore, Via San Bernardino 49, I-28922 Verbania
www.ilmaggioreverbania.it

Charismatisch

18 Villa Nigra, Miasino, Lago d'Orta

Prächtige Palazzi und herrliche Parks und Gärten – die Region um den Lago d'Orta ist zweifellos reich an solch üppigen Anwesen, die einst aristokratische Familien und reiche Bürger aus dem Piemont und der Lombardei als Sommerresidenzen nutzten. Aber eines unter ihnen, die Villa Nigra im oberhalb von Orta San Giulio gelegenen Miasino, ragt unter diesen Preziosen doch besonders hervor, ist ganz sicher eines der eindrucksvollsten Gebäude der Seeregion. Loggien aus dem 17. Jahrhundert blicken auf einen üppigen Innenhof, Fresken überziehen die Außenfassade und filigrane Dekorationen rahmen die Fenster. Im Inneren verleihen Säulengänge der mehrstöckigen Villa Leichtigkeit und lassen in ihren Gewölben Malerei und Architektur miteinander verschmelzen. Ursprünglich ein einfaches Wohnhaus, wachsen in der Villa Nigra vom 16. bis ins 20. Jahrhundert Gebäude unterschiedlicher Epochen zu einem eleganten Palast zusammen. Als Letzter in einer langen Reihe von Besitzern übernahm im Jahr 1892 der Architekt Carlo Nigra den Häuserverbund. Weil er es ist, der die Arbeiten an dem adeligen Landsitz vollendete, bekam das Anwesen auch seinen Namen. Aber nach seinem Tod nagte der Zahn der Zeit an der Villa, Häuser und Fassaden verfielen langsam, den Park überwucherte Unkraut. Im Jahr 2004 ging die verwahrloste Villa Nigra schließlich in den Besitz der Gemeinde über. Zum Glück waren die politischen Umstände günstig. In ihrem Gebietsplan erklärte die Provinz Novara die Villa zum territorialen Referenzgut und einem historisch-architektonischen Notfall, sodass Gelder für ihre gründliche Renovierung und Sanierung flossen. In einem ersten Schritt wurde die vom Verfall bedrohte Orangerie behutsam in einen historisch-modernen Veranstaltungsraum verwandelt und mit einer Bar und einem Restaurant im Südwestflügel des Gebäudes verbunden. Seitdem entwickelte sich die Villa Nigra zu einem einzigartigen Rahmen für kulturelle Veranstaltungen, Konferenzen, Musikfestivals und temporäre Ausstellungen.

TIPP

Das Ristorante Antico Agnello im Park der Villa Nigra bietet gutes Essen in einem stilvollen Ambiente.

● Villa Nigra, Piazza Beltrami 5, I-28010 Miasino, www.villanigra.it

Badespaß

19 Bäder von Craveggia, Spruga, Valle Onsernone

Sich in einer Wanne aus glatt geschliffenem Granit so richtig lang machen und im 28 Grad warmen Quellwasser die Seele baumeln lassen, zwischendurch als Do-it-yourself-Kneippender aktiv werden und die Füße in Wechselbäder in Becken am Fluss tauchen. Oder einfach nur innehalten und der Tonspur des Flusses Isorno lauschen, der hier ganz nah ist und jeden Tag eine andere Wassermusik anstimmt. Willkommen in den Bädern von Craveggia im Onsernonetal – einem magischen Ort, an dem sich die lustvollen und zerstörerischen, die sinnlichen und die verwüstenden Energien des Wassers zu einem einzigartigen Erlebnisort bündeln. In eine der sechs alten Badewannen, die hier in zerfallenden Katakomben am Fluss stehen, ist die Zahl 1821 eingraviert. Damals begann nämlich der Badebetrieb in diesem entlegenen Tal im Hinterland des Lago Maggiore, hart an der Grenze zwischen der Schweiz und Italien. Dem Quellwasser wird eine heilende Wirkung gegen Probleme mit Verdauung und Leber und sogar gegen Trunksucht zugesprochen. Und auch Frauen, die nicht schwanger wurden, verhalf das Heilwasser angeblich zum Nachwuchs. Die Kundschaft blieb angesichts solcher Versprechungen nicht aus und so entstand hier im Jahr 1823 ein großes Hotel mit 16 aus Lärchenholz gefertigten Bädern und 20 Schlafzimmern. Per Sänfte sollen sich manche Gäste aus der Schweiz und aus Mailand in das abgelegene Heilbad haben bringen lassen. Jedoch wurde es bald von einer Katastrophe heimgesucht, einem Hotelbrand, und Jahrzehnte später einem Lawinenabgang. Dann kam 1978 die Jahrhundertflut und zerstörte die Thermen beinahe vollständig. Wer heute den Isorno von der Schweizer auf die italienische Seite überquert, von Stein zu Stein hüpft oder den quirligen Fluss barfuß durchwatet, trifft am Ufer auf einen Ort voller melancholischer Verlorenheit und positiver Energie. Seit dem Jahr 2014 laden neue Granitwannen wieder zum Baden ein, in einem Ambiente, dem ein mystischer Zauber innewohnt.

TIPP

Strohhüte und -körbe: In Berzona bleibt mit Produktion und Verkauf diese Tradition lebendig.

● Bagni di Craveggia, CH-6663 Spruga, Valle Onsernone

Freuden-Haus

20 Villa della Porta Bozzolo, Casalzuigno

Man passiert ein Tor und die *Statuen der Vier Jahreszeiten*, dann führt eine monumentale Freitreppe zu mit Balustraden und Skulpturen gerahmten Terrassen. Und schon kommt das nächste Highlight: Am Ende eines von Zypressen gesäumten Zickzackweges stößt man auf das sogenannte Theater, eingebettet in grüne Freiflächen mit einer dekorativen Brunnenanlage. Weiter geht es aufwärts zum Belvedere mit weiten Ausblicken auf die umliegende Landschaft. Treppen, Veranden, Wasserspiele und eine Ädikula, ein mit Fresken verzierter kleiner Tempel, strukturieren einen weitläufigen Park im Barockstil, in dem eine Sammlung von 500 Rosensorten zu Hause ist. Wir befinden uns in der Villa della Porta Bozzolo in Casalzuigno – einer Meisterleistung italienischer Landschaftsarchitektur und ein Hochzeitsgeschenk. Nachdem der Sohn der wohlhabenden Familie della Porta im Jahr 1704 diesen Landsitz übernommen hatte, wollte er ihn anlässlich seiner Vermählung mit einer Mailänder Gräfin in eine *villa delizia* verwandeln. Die Designer des Schmuckstücks im Hinterland von Laveno nahmen sich für den Park die Borromäischen Gärten der Isola Bella im Lago Maggiore zum Vorbild und entwickelten eine der harmonischsten Anlagen Italiens. Auch die beteiligten Künstler und Architekten zogen alle Register. Säle und Schlafzimmer, Salons und Galerien bekamen üppige Dekorationen. Riesige Wandteppiche zieren bis heute die Wände, Fresken die Decken und Gewölbe. Im grünen Zimmer beeindruckt ein Damastbett aus dem 18. Jahrhundert mit einer aus feinen Silberfäden gewirkten Decke, den Ballsaal dominiert ein pompöser Marmorkamin. Die FAI, die für die Villa della Porta Bozzolo verantwortliche Organisation für Denkmalschutz, gibt den Besuchern dieser Fusion eines ehemaligen landwirtschaftlichen Anwesens mit einer repräsentativen Adelsresidenz einen originellen Tipp: bei dem mit der Villa verbundenen Restaurant I Rustici einen Imbisskorb reservieren und damit gut versorgt die Picknickdecke im Park aufschlagen. Guten Appetit!

TIPP

Nicht weit weg: zum Essen und Trinken nach Castello Cabiaglio ins Ristorante Verderamo fahren.

● Villa della Porta Bozzolo, Viale Camillo Bozzolo Senatore 5, I-21030 Casalzuigno

Flugverkehr

21 Bolle di Magadino, Magadino

Sie kommen zu Tausenden. Während ihrer Reisezeit im Frühjahr und Herbst geht es in der Bolle di Magadino, dem Naturreservat an der Mündung von Ticino und Verzasca in den Lago Maggiore, zeitweise wie in einem Taubenschlag zu. Das Grenzland zwischen Wasser und Land ist ein attraktiver Zwischenstopp für Zugvögel auf ihrem Weg über die Alpen. Tümpel und Moore, Schilf und Röhricht, Sandbänke und Inseln, Streuwiesen und Auenwälder bieten ihnen eine gut gefüllte Vorratskammer für ihren bevorstehenden energiezehrenden Flug. Die Bolle di Magadino ist eine der bedeutenden, noch erhaltenen Auenlandschaften der Schweiz und daher auch eine Attraktion für Birdwatcher und Tierfotografen, denen hier Wasserschlangen, Sumpfschildkröten, Frösche, Kormorane, Reiher, Nachtigallen und mit etwas Glück auch ein Eisvogel vor die Linse kommen. Einst war die – heute von der Autobahn durchschnittene – Magadinoebene ein riesiges Überschwemmungsgebiet. Die beiden Flüsse Ticino und Verzasca landeten stets neue Flächen auf und trugen andere ab, überschwemmten die Ufer und so entstand ein einzigartiger aquatisch-terrestrischer Lebensraum. Seit der Eindeichung und Kanalisierung des Ticino und dem Bau der Verzasca-Staumauer im Jahr 1965 ist von dieser Landschaft nur noch die kleine Bolle di Magadino übrig geblieben. Um diese kümmert sich eine engagierte Stiftung, damit das fragile Feuchtgebiet nicht verloren geht. Denn es hat Schutz und Aufmerksamkeit bitter nötig. Unmittelbar neben dem Patchwork aus Rinnsalen und Tümpeln, pittoresken Totholzarealen und Auenwäldern mit Trauerweiden, Eschen, Pappeln und Weißerlen liegt nämlich der Start- und Landeplatz kleiner Motorflieger, die mit ihrem Lärm die Zugvögel auf ihrem lebenswichtigen Zwischenstopp verschrecken. Und auch seitdem sich die Italiener für einen höheren Pegel des Lago Maggiore entschieden haben, haben die Tiere und Pflanzen in dieser Übergangszone zwischen See und Land noch mehr zu kämpfen.

TIPP

Mit Marco Nussbaum im Juli und August auf einem Weidling durch die Bolle schippern.

● Bolle di Magadino, Via Cantonale 138, I-6573 Magadino, www.bolledimagadino.com

Gut zu Fuß

22 Museo di Val Verzasca, Sonogno, Val Verzasca

Ein Relief des Verzascatals ist ein Herzstück dieses Museums. Die dreidimensionale Karte veranschaulicht, wie einst die Jahreszeiten das Leben der Bauernfamilien bestimmten. Vom Mittelalter und bis zur Hälfte des 20. Jahrhunderts lebten sie nämlich einen mobilen Alltag, wanderten mit ihren Tieren, den Schafen und Ziegen, zum Weiden auf immer neue Wiesen, wechselten je nach Jahreszeit ständig ihren Wohnsitz zwischen den Anbaugebieten im Tal und der Alpwirtschaft auf dem Berg. Von dieser besonderen Arbeits- und Lebensweise, der sogenannten Transhumanz, der Wanderweidewirtschaft, erzählt von Mitte April bis Ende Oktober das Museo di Val Verzasca, das ethnografische Museum in Sonogno, dem letzten über die Fahrstraße erreichbaren Dorf des Flusstals. Untergebracht ist es in der im 18. Jahrhundert erbauten Casa Genardini, die zusammen mit einem benachbarten minimalistischen Betongebäude eine architektonisch interessante Verbindung eingeht. Im alten Haus sind die alltäglichen Lebensräume der Talbewohner zu besichtigen: ein typischer Wohnraum, ein Schulzimmer. Der Betonquader daneben bildet einen Kontrast zu diesem etwas nostalgischen Ambiente. Hier macht auf zwei Etagen in betont einfach gehaltenen Räumen eine interaktive Ausstellung mit den Arbeitspraktiken der Berg-Tal-Bewohner vertraut, zum Beispiel dem Binden von Ruten im Weinberg, dem Dreschen der Kastanien oder dem Spinnen von Wolle. Für das Wildheuen wird sogar ein steiles Gelände simuliert. Die Ausstellung ist zeitgemäß interaktiv, sodass es hier also heißt: mit anpacken bei den bäuerlichen Handgriffen. Beim Blick durch die großen Glasfenster kommen die Dachstühle der alten Dorfhäuser von Sonogno in Sicht, deren Gebälk aus dem Holz von Edelkastanien besteht. Lokale Technologie kreativ: Um zu tragenden Balken zu kommen, schnitt man die Kastanienbäume bis auf den Stock zurück, damit man so aus den abgesägten Baumstümpfen neue Stöcke gewinnen konnte, die sich als Träger der tonnenschweren Steindächer eigneten.

TIPP

Der Wasserfall La Froda ist zu Fuß in 15 Minuten von Sonogno erreicht – ein tosendes Spektakel.

● Museo di Val Verzasca, Er Piazza 4, CH-6637 Sonogno, www.museovalverzasca.ch

Sonnenwende

23 Platz der fünf Kardinalpunkte, Taino

Wenn am 21. Juni die Sonne im Zenit steht, entfaltet eine mächtige Steinskulptur im hoch über dem südlichen Lago Maggiore gelegenen Gemeindepark Taino per la pace einen ganz besonderen Zauber. Eine Kerbe in einer mehr als 8 Meter hohen Steinsäule aus schwarzem Marmor fängt die Sonnenstrahlen ein und projiziert sie auf einen exakt markierten Punkt eines auf dem Boden ruhenden Felsens. In der in den 1990er-Jahren von dem renommierten italienischen Bildhauer, Grafiker und Bühnenbildner Giò Pomodoro geschaffenen monumentalen und symbolreichen Steinskulptur verschmelzen Kunst und Natur. Als Pomodoro den Auftrag für die Neugestaltung des Parks mit seinen traumhaften Ausblicken auf den Lago Maggiore und den gewaltigen Monte Rosa bekam, formulierte der Künstler seine Pläne noch äußerst bescheiden, nämlich als *einen öffentlichen Park, der als städtischer Raum für Ausgleich, Reflexion, Ruhe und Kontemplation* gedacht ist. Herausgekommen ist ein an Kontrasten reiches Monument, das die Gegensätze zwischen Licht und Schatten, Feuer und Wasser, dem – im Italienischen – Männlichen der Sonne und dem Weiblichen des Mondes zum Ausdruck bringen soll. In der Mitte einer großen quadratischen Grundfläche sind große Steinblöcke, gebrochene Balken und eine mächtige Felskugel zu einem Ensemble inszeniert. Mal rau, mal geschliffen und poliert: Der Rohstoff für dieses Formenspiel stammt aus den Tälern der umliegenden Seen: weißer und grauer Granit aus Montorfano, rosa Granit aus Baveno, grüner Granit aus Mergozzo, Beola-Gneis aus dem Valdossola, schwarzer Serizzo-Randstein aus dem Val Vigezzo, Porphyr aus Cuasso al Monte und gelber Sandstein aus Angera. Die Steine sollen miteinander harmonieren, aber auch einen spannungsvollen Dialog eröffnen. Luft und Erde, Bewegung und Stillstand – der im Jahr 2002 verstorbene Pomodoro gilt als Meister darin, das Leere und das Offene zu gestalten, was ihm mit der luftigen und zugleich kompakten Dichte seiner Steinkörper zweifellos gelungen ist.

TIPP

In der Osteria Vecchia Capronno in Capronno di Angera speist man unter einem geziegelten Gewölbe.

● Il Luogo dei quattro Punti cardinali (Platz der fünf Kardinalpunkte), Parco comunale per la Pace, I-21020 Taino

AD
SIDERA

Einmal umdrehen

24

Kirchvorplatz San Carlo, Feriolo

Von dieser Plattform über dem See blickt man auf schier endloses Wasser, eine kolossale Weite. Der privilegierte Aussichtspunkt ist der Kirchplatz der Chiesa San Carlo in Feriolo. Draußen liegen die Borromäischen Inseln, am Horizont die grün-schattigen Berge des Ostufers. Unten an der Uferpromenade laden Bars und Restaurants am Hafen zur Einkehr und der sichelförmige Sandstrand lockt Wasserratten und Sonnenanbeter gleichermaßen. Es kommt einem unweigerlich in den Sinn, dass dieses Feriolo ein besonders schöner, vom Glück verwöhnter Platz ist, bis einem an der Kirchenmauer ein schwarzer Markierungsstrich ins Auge fällt. Darunter die Zahl 1868. Genauer gemeint ist damit der beginnende Oktober jenes Jahres. Sintflutartige Regenfälle ließen damals den See Stunde um Stunde ansteigen. Tagelang. Bewohner wurden evakuiert, die Inseln draußen versanken im Wasser. Der Pegel hatte bald eine Höhe von 6,94 Metern erreicht, ein Jahrhundertrekord. Pro Sekunde fluteten 10.000 Kubikmeter Wasser in den See. In Feriolos Nachbarstadt Stresa stand das Wasser am Tabernakel des Hochaltars der Pfarrkirche und alle Häuser am Ufer waren überflutet. Das Tessin beklagte mit 51 Toten, verschwundenen Bauernhöfen und weggerissenen Dörfern eine der schadensreichsten Naturkatastrophen in der Geschichte der Schweiz. In Feriolo waren die Bewohner schnell in die Berge geflüchtet. Sie hatten noch eine Katastrophe im Gedächtnis, die nicht lange zurücklag. Ein Jahr zuvor war ein großes Stück von Hang und Strand in den See abgerutscht, hatte Piere und Uferhäuser mit sich gerissen, einen regelrechten Tsunami ausgelöst. 14 Menschen und viele Tiere waren zu Tode kommen. Zurück in die Gegenwart und zum Kirchplatz. Die Abenddämmerung legt sich langsam über Feriolo und während die letzten Strandgänger noch ihre Badesachen einpacken, werden in den Bars schon die ersten knallbunten Aperitivi serviert. Glück und Unglück können nah beieinanderliegen.

TIPP

Ein Sandstrand lädt vor der pittoresken Ortskulisse von Feriolo zum Schwimmen und Sonnenbaden ein.

Chiesa San Carlo, Via Giuseppe Mazzini 11, I-28835 Feriolo
www.visitstresaebaveno.it/feriolo

Strandgut

25 Spiaggia Ronco delle Monache, Maccagno

An der Küstenstraße bei Maccagno führt etwas versteckt ein schmaler Weg hinunter zum See. Ein steiniger Strand lädt zum Picknick, ein paar Bäume mit ausgreifenden Ästen spenden dazu den Schatten. Unvermutet steht da auch eine kleine Kapelle. Gegenüber leuchtet Cannobio in der Morgensonne. Der Strand Ronco delle Monache ist nicht nur ein schöner Platz zum Rasten und Schwimmen, er ist auch eine Fundgrube für Künstler und Hobbybastler. Es türmen sich hier nämlich Berge von Treibholz, das Hochwasser und Strömungen abgelagert haben. Eine knorrige Baumwurzel ragt aus dem Wasser, glatt geschliffene Astgabeln sind von der Sonne ausgebleicht, einige Äste zu kunstvollen kleinen Baumhäusern von Strandbesuchern zusammengestellt. Wo kommt das alles her? Der Lago Maggiore hat ein riesiges Wassereinzugsgebiet mit großen Zuflüssen wie der Maggia und Verzasca, dem Toce und Ticino, die auf ihrem Weg zum See tonnenweise Baumstämme, Äste und Wurzeln mitschleppen. Und in Zeiten des Klimawandels mit zunehmenden Unwettern, Hochwasser und Starkregen nimmt das Treibholz zu. Im See selbst ist das ein Hindernis und eine Gefahr. Die Fähren können zwar wie Eisbrecher durch den Holzteppich pflügen und ihn mit ihren Schiffsschrauben zu Kleinholz häckseln, aber für die Tragflächenboote wird es unter Umständen ungemütlich. *Uns steht nur ein Spezialschiff zur Bergung der Holzmassen zur Verfügung,* sagt Gian Franco vom Konsortium für die Reinigung des Lago Maggiore auf der Schweizer Seite. *Hatten wir früher 1 bis 2 Zentner Holz als Schwemmgut im See, müssen wir heute 12 bis 14 Zentner aus dem Lago fischen. Wir liefern es dann an zwei Firmen im Maggiatal, die es zu Holzspänen und Bauholz weiterverarbeiten.* Das kostet. Auch im italienischen Teil geben die für das Treibholz an den Ufern zuständigen Kommunen Zehntausende Euro für die Entsorgung durch spezialisierte Unternehmen aus. Tröstlich, dass am Strand Ronco delle Monache wenigstens auch ein paar Kunstwerke daraus entstehen.

TIPP
Oberhalb von Maccagno ist der aufgestaute Lago Delio ein Ort für attraktive Wanderungen.

● Spiaggia Ronco delle Monache, I-21010 Maccagno (Zugang über den Parkplatz an der Uferstraße hinter der Galleria di Maccagno Richtung Schweizer Grenze)

Fabelwesen

26 Seeschlange, Lungolago di Baveno

Für Familien ist das ein attraktives Ausflugsziel, für Hobbyfotografen ein beliebtes Motiv: Im Uferpark von Baveno ragt ein kleiner Schlangenkopf aus der Erde und rund 40 Meter weiter dann der Schwanz, etwa 1,5 Meter lang. Kinder haben Spaß, turnen auf der Seeschlange herum. Liebespaare benutzen sie als Kulisse für ihre Selfies. Ist das im Oktober 1985 an der Uferpromenade aufgestellte, 20 Meter lange Marmorreptil eines dieser Fabelwesen, die angeblich den Lago Maggiore bevölkern? Die *oral history* am See ist jedenfalls voll von kuriosen Geschichten über solche unheimlichen Wesen, denen man im und auf dem Wasser begegnet sein will. Schon der römische Autor Plinius erwähnte vor 2000 Jahren einen mysteriösen Fisch, der ausschließlich Ende April und Anfang Mai im Lago Maggiore vorkomme. *In Italien liegen am Fuß der Alpen zwei Seen, der Larische und der Verbanische genannt,* notierte Plinius, *in denen jedes Jahr bei Aufgange des Siebengestirns Fische auftreten, die durch ihre vielen und sehr spitzen, Schuhnägeln vergleichbaren Schuppen auffallen.* Auch der französische Schriftsteller Stendhal erzählte in seinen Reisebüchern von urtümlichen Seemonstern. Und am 23. Juni 1948 berichtete die katholische Wochenzeitung *L'Ordine* von einem seltsamen Fisch mit riesigem Kopf, schmutzig grünen Augen und vielen bogenförmigen Stacheln auf dem Rücken, den ein Fischer im Lago Maggiore an den Haken bekommen habe. Vor gut einem Jahrzehnt schließlich machte der Pfeil einer Harpune einem dieser angeblichen Seemonster ein Ende. Es hatte schon sechs badende Touristen gebissen, als die Polizei einschritt und das *Ungeheuer vom Lago Maggiore* sich als ungewöhnlich aggressiver Zander entpuppte. Während die Zeitungen voll davon waren, beschäftigte sich die wissenschaftliche Zoologie nicht mit solch eingebildeten Drachen, Tatzelwürmern oder Unterwasser-UFOs. Die Schlange in Baveno ist immerhin ein ganz realer Spaß.

TIPP

Das Granum Museo del Granito Rosa in Baveno erzählt die lange Geschichte der regionalen Steinbrüche.

● Seeschlange, Lungolago di Baveno (beim Spielplatz), I-28831 Baveno

Abwarten und Tee trinken

27

Compagnia del Lago, Premosello-Chiovenda

Ernten Sie die zartesten Knospen der Kamelien, wenn sie sich von April bis September nach und nach öffnen. Lassen Sie sie mindestens eine Woche lang an einem schattigen Ort trocknen. Heizen Sie Ihren Backofen auf 150 Grad und legen Sie dann die Knospen für 10 Minuten in das wieder abgeschaltete Gerät. Danach sollten die Blätter am besten noch zwei Monate in einer Papiertüte ruhen. Und wozu die ganze Prozedur? Sie erhalten so einen wunderbaren Tee. Dieser Tipp stammt von einem Teekultivator, von Paolo Zacchera, der seit Jahrzehnten in seinem Gartenbaubetrieb in Premosello-Chiovenda im Ossolatal nördlich vom Lago Maggiore Kamelien, Azaleen und Rhododendren züchtet und mit der *Camelia sinensis,* der Mutter aller Teesorten, eine Teeplantage entwickelt hat. Ob grün, schwarz oder weiß, weltweit stammen nämlich alle Teeblätter von dieser einen Pflanze ab. Die Idee zu ihrem Anbau hatte Paolo vor Jahren, als er auf Experimente eines Professors der Universität Pavia aufmerksam wurde, der in den 1930er-Jahren mit der Camelia sinensis experimentierte und den Lago Maggiore als Anbauregion für die Teepflanze empfahl. Bevor Paolo Zacchera mit ihrer Kultivierung begann, ging er aber erst einmal auf eine kleine Weltreise. Er wollte in China, Japan und der Türkei den Teeanbau und seine Verarbeitung kennenlernen. Im Jahr 2019 war es dann so weit: Auf einem Grundstück in Premosello mit der Größe von vier Fußballfeldern wurden 24.000 Setzlinge der Tee-Kamelie gepflanzt. Und dann gelang es Zacchera noch, den studierten Agrarwissenschaftler und Teeexperten Marco Bertona dafür zu gewinnen, die erste Ernte vom Lago Maggiore bei der 2019 International Black Tea Competition dem Fachpublikum zu kredenzen. Das handgefertigte Produkt aus Premosello gewann prompt die Goldmedaille. Von wegen Indien, Ceylon, Vietnam: Der Tee vom Lago Maggiore ist Weltspitze und seit Sommer 2022 auch über den Onlinehandel zu erwerben.

TIPP

Die Gelateria Aurora in der Via Cominazzini 1 von Candoglia ist ein Paradies für Eisliebhaber.

● Compagnia del Lago, Administration, Via della Chimica 2, I-28924 Verbania
www.compagniadellago.com

Pinocchio-Tal

28 Holzwerkstatt, Valle Strona, Lago d'Orta

Es war einmal ein Stück Holz … Mit diesen Worten beginnt eines der erfolgreichsten Kinderbücher überhaupt – die Geschichte von Pinocchio, den sein Vater aus einem Ast schnitzt. In den Knaben mit der langen Nase verwandelt sich seit ein paar Jahrzehnten auch das Holz aus den Wäldern des Valle Strona beim Lago d'Orta. Die Holzverarbeitung hat im Tal eine lange Tradition. Die zahlreichen Drechslerwerkstätten entlang der unten am See in den Toce mündenden Strona nutzen die Kraft des Wassers, um Schüsseln und Schalen und vor allem so viele Holzlöffel zu produzieren, dass man das Valle Strona nach diesem Haushaltsgerät benannte. Denn die gedrechselten Kellen aus dem Tal der Löffel sind ein Renner. Als es dann jedoch mit den Küchenutensilien nicht mehr so gut lief, stellte die Drechslerfamilie Piana aus Fornero zunächst auf die Herstellung von Monopoly-Spielsteinen um. Aber auch diesen Markt machte vor 50 Jahren die Plastikrevolution zunichte. Nun schlug die Stunde des Pinocchio. Heute verlassen jährlich 200.000 von Hand gefertigte bunte Pinocchios in 150 unterschiedlichen Größen und auch als Kugelschreiber, Flaschenöffner oder Schlüsselanhänger den Familienbetrieb der Pianas. Keine billige Massenware, sondern liebevolle Handarbeit, weshalb die Werkstatt das piemontesische Gütesiegel für außerordentliche Handwerkskunst tragen darf.

Mehr als 100 Arbeitsschritte sind nötig, um einen kompletten Pinocchio mit Gelenken lebendig werden zu lassen. Die Töchter Simona und Cinzia verstehen sich darauf, mit kleinen Pinseln die Haare, die Augen und die Knöpfe der Kleidung so pfiffig und gewitzt ausschauen zu lassen, wie sich das für einen richtigen Pinocchio gehört. Einmal den Handwerkern an den Drehbänken über die Schultern schauen, die Herstellung des italienischen Holzbuben erleben: Kein Problem, denn die Familie betreibt in Casale Corte Cerro eine Holzdrechselei für die Rohlinge und in Piana di Fornero eine offene Werkstatt zur Kolorierung und Montage der Figuren und Objekte.

TIPP

Seit 1854 gibt es das Albergo del Leone in Forno – ein charaktervoller Platz zum Essen und Verweilen.

- Holzwerkstatt Mastro Geppetto, I-28897 Piana di Fornero
  www.mastrogeppetto.net
- Holzdrechslerei, Via Montebuglio 8, I-28881 Casale Corte Cerro

Landmarken

29 Sentiero per l´Arte, Valle Verzasca

Durch ein Aluminiumrohr blickt man auf einen quirligen Wasserfall. Kolorierte Gravuren zieren einen großen Felsen. Ein klappriges Baumhaus aus alten Holztüren scheint jederzeit seinen Halt zu verlieren. Der Sentiero per l'Arte im Valle Verzasca ist ein Kunst-Natur-Abenteuer in unmittelbarer Nähe zur Verzasca, die mit ihrem smaragdgrünen Wasser und gewaltigen Felsformationen der Traum eines Wildflusses ist. Künstler aus der Schweiz, Italien und Deutschland sind mit ihren Werken beteiligt, denen Wind und Wetter ruhig zusetzen dürfen. Das ist Teil des Konzeptes für den etwa 4,5 Kilometer langen Uferweg zwischen Lavertezzo und Brione, der sich in diesem Abschnitt mit dem Sentierone della Valle Verzasca überschneidet, einem einmaligen Wanderweg entlang der großartigen Verzasca, der von Gordola ausgehend bis in das oberste Dorf des Tales, nach Sonogno, führt. Alle 20 Objekte und Installationen auf dem Sentiero per l'Arte, ob skurrile Fels- und Betonbemalungen, kreative Holzschnitzereien oder bunte, an die Bäume genagelte Kunstwerke, sind als flüchtige Zeichen konzipiert, als Symbole zyklischer Abläufe von Veränderung und Wiederkehr. Farben und Formen sind vielfältig, das Spektrum reicht von Skulpturen aus Holz und Stein bis zu Blechkonstruktionen, Keramikplatten oder Arbeiten aus Metall, auch Stahl und Glas setzen Zeichen in einem einzigartigen Naturraum. Der bezieht seine Energie aus der Spannung eines wilden Flusses, dem Zwielicht der angrenzenden Wälder und der Stille von Feuchtgebieten am Wegesrand. Der Weg der Kunst ist eine Koproduktion der Gesellschaft Schweizer Maler, Bildhauer und Architekten mit den Verkehrsvereinen von Tenero und des Verzascatals, die ihn gemeinsam im Jahr 1997 realisiert haben. Der Kontrast zwischen dem grünlich schimmernden Wasser der Verzasca in ihrem mit Becken, Wannen und kleinen Wasserfällen kunstvoll ausgeschliffenen Granitbett und den mal filigran, mal mystisch wirkenden Kunstorten könnte nicht größer sein.

TIPP

Nach dem Schwimmen in der Verzasca lohnt sich der Besuch der Osteria Vittoria in Lavertezzo.

● Sentiero per l'Arte, CH-6595 Lavertezzo oder CH-6634 Ganne bei Brione (Einstieg in den Weg entweder in Lavertezzo an der Ponte Romano oder an der Autobushaltestelle in Brione beim Ortsteil Ganne)

Wassermusik

30 Schaukelbank, Sentierone della Valle Verzasca

Es sprudelt und plätschert, rauscht und strömt, brodelt und tost, schäumt und säuselt, wispert und dröhnt, gluckert und murmelt, rinnt und brandet. Was für ein Glück, dass es so viele sprachliche Nuancen für Wassergeräusche gibt. Die braucht man nämlich, um das großartige Erlebnis der Wassermusik der Verzasca zu beschreiben. Denn dieser Wildfluss ist ein Erlebnis für alle Sinne, jedenfalls ganz sicher nicht nur ein Augenschmaus, sondern auch ein Hörgenuss. Die mal muntere, mal wilde Verzasca strömt durch ein Labyrinth von ausgewaschenen Wannen und Becken. Stromschnellen, Wirbel und Wasserfälle färben den Soundtrack mit immer wieder neuen Klängen. Seit allerdings ein begeisterter Blogger aus Mailand in einem Social-Media-Beitrag die Verzasca mit ihrem smaragdgrünen Wasser zu den Malediven der Alpen erklärt hat, ist es vor allem in der Hochsaison und an sonnigen Wochenenden, wenn sich die Autos auf der Talstraße zwischen Lavertezzo und Sonogno stauen, um die Ruhe geschehen und die Tonspur des Flusses wird von dem Auftrieb übertönt. Aber selbst dann finden sich noch Refugien, zum Beispiel beim Ortsteil Ganne auf einer am Ufer an wunderbarer erhöhter Position installierten Schaukelbank, auf der vom Hupen auf der Uferstraße und dem Lärm der Badelustigen nichts mehr zu hören ist. Schaukeln – Lauschen – Träumen: Langsam kommt das Gefühl von Ruhe und Gelassenheit auf. Zen am Wasser. Was Schamanen und Geistheiler schon seit Jahrtausenden wissen: Wasser verändert uns. Manche behaupten, Menschen hätten so starke emotionale Reaktionen auf Wasser, weil ihr Körper zu mindestens 60 Prozent und ihr Gehirn zu 75 Prozent daraus bestehen. Jedenfalls ist auch wissenschaftlich bewiesen, dass Wasser glücklich macht und Stress abbaut. Mit Gehirnscans konnte man nachweisen, dass die Nähe zum Wasser den Spiegel bestimmter Wohlfühlhormone wie Dopamin und Oxytocin erhöht und den des Stresshormons Cortisol senkt. Auf der Schaukelbank an der Verzasca hat man daran überhaupt keinen Zweifel.

TIPP

Vom Grotto Al Ponte in Lavertezzo ist es in die Badegumpen der Verzasca nur ein Katzensprung.

● Schaukelbank, CH-6634 Ganne bei Brione
(Zugang von der Autobushaltestelle in Brione, Ortsteil Ganne)

In Stein gemeißelt

31

Eremo di Santa Caterina del Sasso, Leggiuno

Am besten nähert man sich diesem magischen Ort mit dem Fährschiff von Stresa. Das entlegene Kloster schwebt förmlich am Hang über dem Wasser, isoliert und faszinierend. Es scheint, als sei es aus der Felswand herausgemeißelt. Sasso ist das italienische Wort für Stein und tatsächlich müssen es Steinmetze gewesen sein, die an diesem verschachtelten Ensemble ein Kunstwerk vollbracht haben. An sonnigen Tagen wirft es sein Spiegelbild auf den See und außer Wassergeräuschen ist es ganz still. So ergreifend ist der Anblick, dass es sofort einleuchtet, dass das Kloster schon mehrmals als Filmkulisse genutzt wurde. Der Begründer der Eremitage, ein wohlhabender Tuchhändler, näherte sich dem Ort im 12. Jahrhundert ebenfalls über das Wasser. Aber eher unfreiwillig. Alberto Besozzi wurde nämlich in seinem Boot von einem Unwetter überrascht und kenterte. An ein Stück Holz geklammert, erreichte er in Todesangst das Steilufer, schickte Stoßgebete an die heilige Katharina und verpflichtete sich, nach seiner Rettung ein Leben als gottesfürchtiger Einsiedler zu führen. Zunächst zog er sich über Jahre in eine Höhle in der Felswand zurück, ließ dann Jahre später auf einem felsigen Bergrücken eine kleine Kapelle zu Ehren der Heiligen errichten. Über Jahrhunderte wuchs diese Kapelle mit weiteren Kirchen- und Klostergebäuden zusammen, die von einem 15 Meter hohen romanischen Glockenturm überragt wird. Schon vom ersten Säulengang mit seinen sieben Bögen aus der Renaissance sind die Blicke auf den See einzigartig. Der gesamte Gebäudekomplex geht auf drei Kapellen zurück, die zu verschiedenen Zeiten unabhängig voneinander errichtet und später miteinander verbunden wurden. Den Namen soll die Einsiedelei von fünf mächtigen Felsbrocken haben, die zu Beginn des 18. Jahrhunderts bei einem Erdbeben auf die Kirche stürzten und wundersamerweise das Gebäude unversehrt ließen. Was an diesem wundersamen Ort nicht wirklich überrascht.

TIPP

Nach dem Bad im See zum Espresso auf die Terrasse des Albergo Riva am Strand von Reno di Leggiuno.

● Eremo di Santa Caterina del Sasso, Via Santa Caterina 13, I-21038 Leggiuno
www.santacaterinadelsasso.com

Hoch-Sitz

32 Bank am Höhenwanderweg oberhalb von Gambarogno

Es gibt Blicke, die satt machen. Noch aufregender ist es, wenn sie zur Neugier ermuntern. Auf dem Höhenwanderweg oberhalb von Gambarogno, auf einer Bank über dem Lago Maggiore, genießt man nicht nur einen wunderbaren Ausblick, sondern bekommt auch einen faszinierenden Einblick. Wahrscheinlich gibt es nur wenige Orte am See, wo das landschaftliche Setting so begeistert und man gleichzeitig mehr versteht von den Kräften des Wassers. Gegenüber, dort wo die Maggia in den See mündet, schiebt sich ihr Delta wie eine Zunge in den See. Der Fluss schwemmt nämlich kontinuierlich Sand und Geröll in seine Mündungszone. Wissenschaftler vermuten, dass es dem Lago Maggiore hier in ferner Zukunft ergehen könnte wie dem nahen Lago di Mergozzo, der einst durch das Geschiebe des Toce abgetrennt wurde. Lässt man den Blick nun weiter gen Norden schweifen, fällt er auf eine gewaltige Mauer, dahinter spiegelt sich Wasser in der Sonne: Im Vogorno-Stausee findet der bis dahin ungezähmte Lauf der Verzasca ein Ende. Aus der Ferne sieht die Mauer gar nicht so gewaltig aus, aber wie ein großer Riegel blockiert sie das Flusstal, mit Folgen für die Uferzone am Lago Maggiore. Dort ist durch die Kanalisierung des Ticino und das Aufstauen der Verzasca von dem einstigen großen Überschwemmungsgebiet der Magadinoebene nur das einmalige Naturreservat der Bolle di Magadino geblieben – ein Flussdelta mit einer ungemein reichen Flora und Fauna. Wie fragil die Bolle von hier oben aussieht! Was sie tatsächlich ist, denn ihr Schilfgürtel ist durch den immer wieder wechselnden Wasserstand des Lago Maggiore gefährdet, außerdem schrecken die Kleinflugzeuge des benachbarten Flughafens die Tierwelt auf. Aber wenn man Glück hat, kommen jetzt, bevor man den exklusiven Beobachtungsposten über Gambarogno verlässt, noch ein paar Kraniche in den Blick, die die Bolle di Magadino ansteuern, um vor der Alpenüberquerung noch einmal Kraft zu tanken.

TIPP

950 Kamelien- und 450 Azaleenarten – der Parco Botanico di Gambarogno ist ein Blumenparadies.

● Bank am Höhenweg oberhalb von Gambarogno, CH-6573 Gambarogno (Start der Wanderung: Postbus 326/Richtung Indemini ab Touristenbüro in Vira bis Bivio Monti di Piazzogna)

Film ab

33 Piazza Grande, Locarno

Im August jeden Jahres wird die Piazza Grande zum Open-Air-Kino. Wenn das neben Cannes und Venedig älteste Filmfestival Europas Stars und Sternchen an den Lago Maggiore lockt, warten 8000 Stühle auf dem von Bürgerhäusern, Restaurants und Cafés umgebenen, ungemein weitläufigen Platz ganz nah an der Altstadt auf Besucher. 150.000 Filmfans aus der ganzen Welt reisen jedes Jahr nach Locarno, um dabei zu sein, wenn Welturaufführungen und Kultfilme über die mit einer Fläche von 400 Quadratmetern rekordverdächtige Leinwand flimmern. Es ist dem unbedingten Willen der Schweizer zur Demokratie geschuldet, dass Locarno zu diesem Hotspot für Cineasten wurde. Denn als die Eidgenossen nach dem Zweiten Weltkrieg einen Standort für den neuen Filmevent suchten, der ein Gegenentwurf zu dem damals durch das faschistische Mussolini-Regime kompromittierten Festival in Venedig werden sollte, entschieden sie sich zunächst für Lugano. Aber die Stadtbewohner dort waren dagegen, votierten am 2. Juni 1946 in einer Volksabstimmung gegen den Bau eines Amphitheaters für das Festival in ihrem Stadtpark. Locarno ergriff die Chance, sprang in die Bresche, und zwar mit einem ungemein attraktiven Angebot, nämlich dem Park des im Jahr 1876 eröffneten Belle-Époque-Grand-Hotels, in dem 1925 der historische Pakt von Locarno ausgehandelt wurde. Als es im August 1946 losging, standen zur ersten Ausgabe 500 Stühle im Park bereit und auf der zwischen Bäumen aufgespannten Leinwand lief der Film *O sole mio*. Doch bald schon platzte das Festival aus allen Nähten und die Suche nach einer räumlichen Alternative begann. Der Festivalpräsident klopfte 1971 beim Architekten Livio Vacchini an, der um einige Tage Bedenkzeit bat. Beim Blick aus dem Fenster aus seinem Atelier an der Piazza Grande kam Vacchini schließlich der Geistesblitz: Die ist es! Es ist der Startschuss für das Kino im Freien und eines der schönsten Filmereignisse der Welt.

TIPP

Mit der Standseilbahn nach Orselina und zur großartig gelegenen Wallfahrtskirche Madonna del Sasso.

● Piazza Grande, Locarno Film Festival, Via Franchino Rusca 1, CH-6600 Locarno
www.locarnofestival.ch

Farbeimer-Bahn

34

Seilbahn Sasso del Ferro, Laveno

Ein Glück, dass es so langsam vorangeht. Damit der Einstieg in die kleinen, offenen Stehkabinen für je zwei Personen in der Talstation gelingt, ist die Geschwindigkeit moderat. 20 Minuten braucht die Seilbahn, um ganz gemächlich eine Höhendifferenz von 731 Metern auf 1,5 Kilometer Wegstrecke zu überwinden und das Panoramarestaurant auf 1062 Meter Höhe zu erreichen. Unterwegs weht einem der Fahrtwind um die Nase und es entfaltet sich ein grandioses Panorama. Anfangs gleiten die Gondeln über die Dächer von Laveno und vorbei an Jugendstilvillen mit üppigen Gärten. Unten im Hafen legt gerade die Fähre nach Verbania ab, im Vordergrund weitet sich der Borromäische Golf, dahinter sieht man die Steinbrüche von Baveno. Am Horizont erhebt sich die Alpenkette mit dem spitzen Gipfel des Monviso und dem mächtigen Monte-Rosa-Massiv. Hinter Ghiffa und Cannero am Seeufer steigen mal dunkel, mal silbrig schimmernd die Steineichen-, Kastanien- und Birkenwälder des Val Grande auf. Den Lago Maggiore aus der Vogelperspektive erleben: Das nehmen vor allem die Gleitschirm- und Drachenflieger wörtlich, die sich von einer Rampe an der Zwischenstation Poggio Sant'Elsa in die Tiefe stürzen. Seit dem Jahr 1975 ist Laveno-Mombello die *Europäische Hauptstadt des Freiflugs.* Mit den Tönnchen der Seilbahn oben angekommen, kann der 360-Grad-Blick benommen machen: Bis in die Poebene reicht er und auf die anderen lombardischen Seen. Unten, nun ganz weit weg in der Tiefe und vor dem hier senkrecht abstürzenden Felsen, liegt Laveno und sieht winzig aus. Wer einen windigen, klaren Tag erwischt und auf der Panoramaterrasse durch ein Teleskop hindurchschaut, erblickt vielleicht sogar den Mailänder Dom oder kann die startenden und landenden Flugzeuge auf dem Flughafen Malpensa beobachten. Ganz nebenbei: Weil die kleinen Tonnen der Seilbahn großen grünen Farbtöpfen ähneln, hat sie auch einen passenden Spitznamen bekommen: Farbeimer-Bahn.

TIPP

Eine Tour zum Wasserfall bei Cittiglio: Erfrischung im klaren Wasser eines natürlichen Beckens.

● Funivie del Lago Maggiore, Sasso del Ferro, Via Don C. Tinelli 15, I-21014 Laveno Mombello, www.funiviedellagomaggiore.it

38
12

Leicht & heiter

35 Sacro Monte di Ghiffa, Ghiffa

Ein paar Wanderer und Mountainbiker rasten auf den Mauern am Wiesenrand und haben dort ihren Proviant ausgebreitet. Auf der schattigen Terrasse des großen Restaurants essen munter gestimmte Familien zu Mittag. Ist das hier der Heilige Berg von Ghiffa oder ein attraktives Freizeitgelände im Grünen? Mit seiner Ausstrahlung von Leichtigkeit unterscheidet sich dieser Sacro Monte von manch anderem in Norditalien. Die sind allesamt mit ihren bildstarken, meist an exponierter Position auf dem Gelände verteilten Kapellen der Gegenreformation geschuldet, der Abwehr des aus dem Norden vordringenden Protestantismus. Heute berührt die Landschaftskunst des Sacro Monte auch die Ungläubigen, wenn man sich im Schatten der alten Bäume zwischen den Kapellen und Sakralbauten bewegt. Der kleine Sacro Monte di Ghiffa wurde an einem der reizvollsten Abschnitte des Lago Maggiore errichtet – mit Panoramablick auf die lombardischen Voralpen. Das barocke, der Heiligen Dreifaltigkeit gewidmete Ensemble besteht aus drei Hauptkapellen, einem Glockenturm und einem Kreuzweg, der sich in einem offenen Säulengang zum See öffnet. Der Mittelpunkt der Gruppe ist das Sanktuarium der Dreifaltigkeit, das Ende des 16. Jahrhunderts erbaut und 1617 durch einen antiken Andachtsort aus dem Mittelalter erweitert wurde. Die drei Kapellen entstanden zwischen 1647 und dem Beginn des 18. Jahrhunderts. Das lichte und leicht ondulierte Gelände ist von Kastanienwäldern mit schönen Wanderpfaden umgeben und seit 1987 ein Naturschutzgebiet. Im Kloster auf dem gleichen Grundstück leben seit 1906 Benediktinerinnen, die der Ordensregel des *ora et labora* folgen. Gemäß der langen Tradition von Gastlichkeit für die zahlreichen Pilger, die übers Jahr den Heiligen Berg besuchen, beherbergt das Gästehaus heute auch Menschen, die hier besinnliche Tage der Stille verbringen wollen. Seit dem Jahr 2003 gehört der Sacro Monte di Ghiffa zum UNESCO-Welterbe.

TIPP

Die Locanda a Sud in Ghiffa liegt auf einem Balkon über dem See – ein schöner Ort zum Essen und Staunen.

● Sacro Monte di Ghiffa, I-28823 Ghiffa, www.sacrimonti.org
(Ghiffa liegt an der SS 34, zwischen Verbania und Cannobio. Ab Ortsmitte Beschilderung zum Sacro Monte)

Schöne Aussichten

36 Auf der Cima di Morissolo, bei Verbania

Armeen brauchen Aus- und Übersicht. Heute stehen dafür Radar-, Nachtsichtgeräte und Satelliten zur Verfügung. Aber früher mussten Soldaten auf Wehrtürme steigen, die Zinnen von Burgen erklimmen oder von strategischen Berggipfeln aus den Fernblick suchen. Diesem Zweck diente auch eine gewaltige Verteidigungslinie mit Schützengräben, logistischen Einrichtungen und Beobachtungsposten, die zwischen 1916 und 1918 in den italienischen Alpen entstand, die Linea Cadorna. Sie sollte eine Invasion der Poebene und der Metropolregion um Mailand verhindern. Ein Teilstück davon findet sich auch oberhalb des Lago Maggiore bei Verbania, wo eine alte Militärstraße auf knapp 1300 Meter Höhe zu mehreren Tunnelanlagen der Linea Cadorna bei der Cima di Morissolo führt. Heute lädt diese flache Trasse mit großartigen Panoramablicken auf den See zu einer der spektakulärsten Wanderungen am Lago Maggiore ein. Von hier oben ähnelt der See eher einem breiten Fluss, der weit unten blau-silbrig glitzert. Fährschiffe ziehen Wasserfahnen hinter sich her, Kirchturmuhren schlagen aus der Ferne. Hinter einem Wäldchen und zwischen mit Felsbrocken versprengten Baumgruppen kommt allmählich der Gipfel des Morissolo in den Blick. An einer Wegkreuzung hinter einer Tränke könnte man geradeaus weitergehen und die Tunnel besichtigen oder für eine Rast haltmachen, aber viele Wanderer zieht es sofort weiter. Denn jetzt muss man nur noch ein wenig kraxeln und einen engen Pfad zwischen Steinkolossen hoch zur Spitze nehmen – mit umwerfender Aussicht! Und noch gut 100 Meter weiter und ein wenig tiefer erreicht man die drei Gipfelkreuze, an denen dem Wanderer erst recht der Atem stockt. An keinem anderen Ort am Lago Maggiore hat man einen solchen Überblick über den gesamten See, vom schweizerischen Norden bis zum italienischen Süden. Was für ein Glück, dass der Krieg an der Cadorna-Linie kampflos vorübergegangen ist und welches Geschenk, diese bewegende Aussicht zu genießen!

TIPP

In Verbania-Pallanza gibt es eine wunderbare Unterkunft mit Park in der Villa Azalea.

● Cima di Morissolo (Start der Wanderung am Krankenhaus; VCO-Bus 4: von Verbania nach Piancavallo zum Krankenhaus; Auto: von Verbania über Premeno nach Piancavallo, Parkplatz am Krankenhaus, Istituto Auxologico, Strada Cadorna 90, I-28824 Oggebbio)

Paradies auf Erden

37 Rocca Borromeo, Angera

Sie kennen sich mit inszenierter Natur bestens aus. Denn die Gärtner, die die Familie Borromeo beauftragt hat, haben schon andere Inselanlagen neu gestaltet, nämlich die der Isola Bella und der Isola Madre, die beide ebenfalls bis heute im Besitz des Adelsclans sind. Jahrelang haben die Gärtner alte Dokumente und historische Handschriften studiert, um jetzt auch dem Garten der Rocca Borromeo, der strategischen Festung der Borromäer über dem See in Angera, ein neues Gesicht zu geben, das zugleich an seinen ursprünglichen Charakter erinnert. Im Jahr 2008 wurde er eröffnet. Und es ist den Gärtnern ein Meisterwerk gelungen, das aus der Zeit gefallen scheint. Der Prinzen- und der Kräutergarten führen auf die große Esplanade, von wo aus der Blick auf den Lago Maggiore atemberaubend ist. Hier lauscht man dem Klang des Wassers in den Brunnen, sucht im Rosengarten unter der Pergola Abkühlung oder erkundet im kleinen Kräutergarten die 100 verschiedenen Heil-, Gewürz- und Färbepflanzen, um schließlich im Garten der Fürsten zu flanieren. In einem kleinen Teich tummeln sich Goldfische zwischen bunten Schwertlilien. Dominiert wird die große Terrasse über dem See von einer einzigartigen Wehr- und Wohnanlage, die seit dem Jahr 1449 die Schaltzentrale und der Mittelpunkt des borromäischen Familiennetzwerks ist. Unter den fünf Gebäudeteilen, dem Torre di Giovanni, dem Visconti- und dem Borromeo-Flügel sowie dem historischen Wappensaal, ist der alles überragende Hauptturm der imposanteste Ort. Von hier oben begreift man sofort, dass die Rocca einst nicht nur Verteidigungszwecken diente, sondern auch der Kontrolle der Handelsschifffahrt auf dem See. Sie lag seit Mitte des 15. Jahrhunderts ganz in den Händen der mächtigen Borromäer, die die Rocca di Angera mit ihren weitläufigen Höfen, den raffinierten Salons, freskenverzierten Gewölben und fantastischen Blicken auf den See in einen magischen Ort verwandelt haben, den nun der neu gestaltete Garten komplettiert.

TIPP

Am grünen Seeufer von Angera, an der Piazza Garibaldi und der Viale Repubblica, gibt es schöne Cafés.

● Rocca Borromeo, Via Rocca Castello 2, I-21021 Angera

Robust & freiheitsliebend

38 Verzascaziege, Sonogno, Valle Verzasca

Sie mag es nicht, angebunden zu sein, bewegt sich gern in steilem Gelände und sie ist hart im Nehmen. Der Verzascaziege, diesem widerstandsfähigen Tier mit schwarz glänzendem Fell und 40 Zentimeter langen Hörnern, können weder sommerliche Hitze noch winterliche Kälte etwas anhaben. Weil diese Ziegen in der Paarungszeit auf den Almen und in den Bergen unterwegs sind und einer weiblichen Ziege meist gleich mehrere Böcke hinterherlaufen, ist die gezielte Zucht mit Einträgen ins Herdenbuch schwierig. Aber für das ländliche Leben in den Tessiner Tälern haben die anspruchslosen und gut akklimatisierten Ziegen mit ihrem ausgeprägten Herdentrieb seit Jahrhunderten eine große Bedeutung. Als sogenannte Zweitnutzungsziegen geben sie sowohl Fleisch als auch Milch, was sie zur Kuh des armen Mannes macht, der auch ihr Fell und das Leder für seinen bäuerlichen Hausstand nutzt. Da die geländegängigen Kletterer außerdem gerne Knospen fressen, Rinden und Blätter, drängen sie als Landschaftspfleger aufkommende Büsche und Bäume zurück und erhalten so den Lebensraum vieler wilder Pflanzen- und Tierarten. Nur noch 5000 soll es von ihr inzwischen geben, denn Landflucht und Tourismus haben für ihre Dezimierung gesorgt, ebenso die Rückkehr des Wolfes. Umweltstudien behaupten jedenfalls einen Zusammenhang zwischen der Ausbreitung der Wölfe im Alpenraum und dem Rückgang der Ziegenzucht. Auch das Recht auf freien Weidezugang macht es den Züchtern im Tessin schwer, denn die frei laufenden jungen Ziegen verursachen besonders in privaten Nadelwaldschonungen erhebliche Schäden, für die die Halter die Waldbesitzer dann entschädigen müssen. Fabrizio und Claudia Patàs ficht das in ihrer Käserei in Sonogno nicht an; sie lassen auf ihre 100 Ziegen nichts kommen. Mit ihren vielfältigen Käsespezialitäten dankt es ihnen eine große Kundschaft.

TIPP

In der Casa della Lana in Sonogno wird Schafwolle zu handgefertigten Produkten verarbeitet.

● Käserei Patàs (Käse von der Verzascaziege), Strada de Redórta 10, CH-6637 Sonogno

Garden of Excellence

39 Villa Anelli, Gonte, Oggebbio

Zickzackpfade schlängeln sich fast bis ans Seeufer, eine kleine Brücke führt über den gurgelnden Rio Paradiso, mittendrin wendet sich eine prunkvolle Jugendstilvilla zum See. An den Hängen sorgen Palmen, Bambushaine und Farne für ein exotisches Ambiente. Und dazwischen: Tausende Blüten und Hunderte Farbschattierungen von Weiß bis Rot – ein duftendes Farbenmeer. Besonders während der Frühjahrsblüte von Mitte März bis Mitte April zeigt sich der *garden of excellence* rund um die Villa Anelli im Ortsteil Gonte von Oggebbio in seiner ganzen Pracht. Das der Kamelie gewidmete Freilichtmuseum ist ein Hotspot für Blumenliebhaber, Gärtner und Wissenschaftler weltweit. 200 unterschiedliche Arten ergeben hier eine der bedeutendsten Sammlungen Europas. Die gelbe Kamelie, die Teepflanze *Camelia sinensis*, die Ölkamelie, die große weiße Weihnachtskamelie – sie alle fügen sich zu einem bunten, gesprenkelten und dann wieder einfarbigen Mosaik zusammen. Mehr als 150 Jahre hat es gedauert, bis die einzigartige Gartenanlage diesen botanischen Reichtum zur Schau stellen konnte. Begonnen hat alles mit einem wohlhabenden Mailänder Notar, der sich im Jahr 1872 auf einer Reise an den Lago Maggiore in diesen Ort natürlicher Schönheit verliebte. Carlo Berzio war nicht mehr davon abzubringen, sehr viel Zeit in die Gestaltung eines Gartens zu investieren. Er ließ die Villa errichten und erschuf um sie herum seinen persönlichen Garten Eden im Stil der englischen Romantik. Nach seinem Tod ging das Anwesen an seine Schwester über, die es mit Unterstützung eines Freundes der Familie zum Zentrum der Kamelienzucht machte. Der Ingenieur Antonio Sevesi gründete hier gemeinsam mit anderen Enthusiasten die *Italienische Gesellschaft der Kamelie*, um die sich heute Andrea Corneo kümmert. Diese botanische Fachgesellschaft gibt auch die Fachzeitung zur Kamelienzucht heraus und kann dabei auf Erfahrungen mit 500 unterschiedlichen Pflanzensorten im Garten der Villa Anelli zurückgreifen.

TIPP

Am Hafen von Spasolo direkt am See findet sich ein guter Platz zum Schwimmen und für ein Picknick.

● Villa Anelli, Via Micotti 1, I-28824 Oggebbio Gonte, https://villaanelli.it

Traum-Schiff

40 Torre del Vento, Isola Bella, Stresa

Von Weitem ähnelt die auf dem azurblauen Wasser des Lago Maggiore schwebende Isola Bella einem imposanten Schiff. Der Barockpalast ist der Bug, die Gärten mit den zehn abschüssigen Terrassen bilden das Heck und der Torre del Vento ist die Positionsleuchte. So haben es die Besitzer und Gestalter der Insel, die Familie Borromeo, im Jahr 1632 auch gewollt. Das Traum-Schiff sollte seine Gäste beeindrucken. Was auch gelingt. Zum Beispiel bei Napoleon, der im Jahr 1797 mit seiner Gemahlin zwei Nächte auf der Isola Bella verbrachte und auf den begrünten Balkonen über dem See flanierte. Auch als die Regierungschefs Italiens, Frankreichs und Großbritanniens bei der Stresa-Konferenz im April 1935 Maßnahmen zur Abwehr der deutschen Expansions- und Kriegspolitik vereinbarten, trafen sich die Delegationen hier. Zuletzt machte noch Gina Lollobrigida anlässlich der Miss-Italien-Wahl im Jahr 1946 die Isola Bella landesweit bekannt. Ursprünglich war sie nur ein kleiner, von wenigen Fischerfamilien bewohnter Felsen, bis Vitaliano I. Borromeo zu Beginn des 17. Jahrhunderts entschied, das Eiland in eine prestigeträchtige barocke Gartenresidenz zu verwandeln, der er den Namen seiner Frau Isabella gab. Im Jahr 1671 eingeweiht, wurden die Gärten der Isola Bella in Verbindung mit der einzigartigen Palastanlage zum Symbol für die Macht und den Einfluss der Adelsfamilie.

Nach jahrhundertelanger Bauzeit ist die sich 37 Meter über den Wasserspiegel erhebende Megakomposition mit ihren exotischen Pflanzen, Statuen, Obelisken, Terrassen auf unterschiedlichen Ebenen, Teichen, Wasserspielen, Balustraden und exotischen Bäumen heute einer der schönsten Barockgärten Europas. Über dem Torre del Vento reckt das mächtige Einhorn, das Familiensymbol der Borromäer, seinen Kopf in die Lüfte. Oben im Teatro Massimo fanden einst Schauspiele und Musikaufführungen für die erlauchten Bewohner und ihre Gäste statt. Für heutige Besucher der Insel sind die Gartenanlagen faszinierendes Theater genug.

TIPP

In die Caffetteria Torre Noria im Schatten des Borromäer Anwesens zum Espresso einkehren.

● Torre del Vento auf der Isola Bella, I-28838 Stresa
www.isolelagomaggiore.com, www.isoleborromee.it/isola-bella
(Mit Fährschiffen der Navigazione Lago Maggiore von Stresa auf die Isola Bella)

Wo die Zitronen blühen

41

Parco degli Agrumi, Cannero Riviera

Kennst du das Land, wo die Zitronen blühn, im dunkeln Laub die Goldorangen glühn, sanfter Wind vom blauen Himmel weht … Johann Wolfgang Goethe legte seiner Romanfigur Mignon in *Wilhelm Meisters Lehrjahre* diese Worte in den Mund, die im Laufe der Zeit zu einem viel zitierten Ausdruck der deutschen Italiensehnsucht wurden. Wer sich dabei an die Küsten Siziliens oder an die Amalfiküste träumt, hat das Zitronenparadies in Cannero Riviera noch nicht besucht. Seit dem Jahr 1947 darf das Städtchen am Lago Maggiore den Zusatz *Riviera* im offiziellen Namen führen. Denn es ist ein einmalig mildes Mikroklima, das hier herrscht und seit Jahrhunderten den Anbau von Zitrusfrüchten ermöglicht. Angeblich soll ein Gärtner aus Cannero im 17. Jahrhundert einen Zitronenableger von der Isola Bella entwendet haben und so zum Zitrusboom am milden Seeufer beigetragen haben. Dieser Tradition huldigt der öffentliche und kostenlos zugängliche Parco degli Agrumi am Seeufer. Im duftenden Garten wachsen nicht nur Zitronen, sondern auch Pampelmusen, süße und bittere Orangen, Mandarinen, Zedernpflaumen, Chinotto-Früchte, Clementinen, Limetten und … die Zitronatzitrone Canarone. Die wahrlich einzigartige Südfrucht wird nur am oberen Lago Maggiore angebaut und hat aufgrund ihrer geringen Verbreitung in dem Projekt Arche des Geschmacks der Organisation Slow Food einen Platz gefunden. Ursprünglich angelegt wurde der Zitruspark vom Dichter und Bildhauer Enrico Cotto, der seinen Garten auch bis zu seinem Tod Mitte der 1970er-Jahre betreute. In enger Kooperation mit der Fakultät für Agrarwissenschaften der Universität Turin entwickelte dann im Jahr 2007 die Gemeinde Cannero daraus den Parco degli Agrumi. Oberhalb des langen, attraktiven Badestrandes sind auf terrassierten Beeten sorgfältig angeordnete Reihen von Zitrusfrüchten zu bestaunen. Anfang März ist in ganz Cannero in jedem Jahr Straßenfest. Sein Protagonist: die Zitrone.

TIPP

Im Bar-Caffè Tre Re an der am See gelegen Piazza in Cannero Riviera lässt es sich angenehm verweilen.

● Parco degli Agrumi, Via Orsi, 1 I-28821 Cannero Riviera

Verstreutes Hotel

42

Albergo diffuso, Corippo, Valle Verzasca

Aus der Entfernung sieht es so aus, als würden die Häuser am Berg kleben. Alles ist hier aus Stein. Die Mauern und die Dächer, die Treppen und das Pflaster der Gassen und Höfe. Schrecklich schön. Denn von den 70 Häusern am Hang stehen 30 leer, die anderen sind nur im Sommer bewohnt. Die verbliebenen zwölf Menschen – Durchschnittsalter 76 Jahre – kennen noch die Namen der vor langer Zeit Weggezogenen: Angiolina, Martino, Luigino und Siro. Die Erinnerung an sie, die einst in dem kleinen Bergdörfchen zu Hause waren, wird jedoch nicht ganz verloren gehen: Denn heute tragen die Unterkünfte des Albergo diffuso ihre Namen. Die ungewöhnliche Dorfunterkunft hat im Sommer 2022 ihre Türen geöffnet. Seither lädt auch die Osteria, das alte renovierte Gasthaus des Bergdorfes, wieder zu Speis und Trank, ist außerdem Rezeption und Frühstücksraum für die Gäste, die in zwölf Zimmern von fünf sanierten alten Häusern unterkommen. Der Dorfplatz ist zur Lobby geworden und die Dorfgassen zu Fluren – das Ganze ist eine originelle Hotelidee, die dem überalterten und von Landflucht und Emigration gezeichneten Dorf neues Leben einhaucht. Die zu diesem Zweck gegründete Stiftung hat im benachbarten Italien, wo schon Hunderte solcher Hotels und die *Associazione Nazionale Alberghi Diffusi* der ländlichen Entwicklung neue Impulse geben, die Idee für den nachhaltigen Nischentourismus gefunden. Ursprünglich sollten dauerhaft Mieter in zwei von der Stiftung renovierte kleine Häuser einziehen. Was jedoch nicht funktionierte. Dann bewarb sich die Schweiz mit dem Projekt des Albergo diffuso in Corippo im Jahr 1975 erfolgreich beim Europäischen Jahr des architektonischen Erbes. Die Stiftung trieb in der Folge für das Projekt in Corippo 3,5 Millionen Schweizer Franken bei Sponsoren, Nachbargemeinden, privaten Spendern und Organisationen ein. Das Albergo diffuso nimmt tatsächlich Gestalt an. Im Jahr 2017 erhielt die Initiative den *Swiss Hotel Innovation Award.*

TIPP

Es James Bond nachtun: am Bungeeseil von der Staumauer des Lago di Vogorno in die Tiefe springen.

● Albergo diffuso, CH-6631 Corippo, Valle Verzasca
www.corippo-albergodiffuso.ch

Auf der Höhe

43 Croce di Egro, Lago d'Orta

Auf einer Hochebene quert man Kastanienhaine und passiert das Gerippe eines rostigen Schuppens. Links und rechts am Berg stehen Masten mit Parabolantennen und klobigen Sendeverstärkern. Dann geht es über einen schmalen Weg noch einmal ein paar Meter hinab. Jetzt ist der schmale Felsvorsprung erreicht, auf dem ein Eisenkreuz steht. Um das Croce di Egro herum ist alles Abgrund. Unten, in 300 Meter Tiefe, schimmert der Lago d'Orta in silbrigem Blau. In seiner Mitte schwebt das Juwel des Sees über dem Wasser: Die Isola San Giulio wirkt von kaum einem anderen Ort so erhaben, so verträumt und verloren. Allein für diesen Anblick lohnen sich der Auf- und Abstieg zu dem Eisenkreuz, das seine Existenz der Volksfrömmigkeit in der Region verdanken soll. Das Croce di Egro ist der einzige Aussichtspunkt am See, der ein 180-Grad-Panorama auf das Wasser und die Hügellandschaften rundum erlaubt – und so den kleinen melancholischen See mit all seinen Facetten erlebbar macht. Wir sind auf seiner Westseite, der ärmeren, auf der schon immer hart gearbeitet wurde. Wo früher die Menschen mit Ochsenkarren und später Lastwagen Holz und Steine aus den Bergen holten, verläuft heute ein Industrieband aus metallverarbeitenden Klein- und Mittelbetrieben. Der Blick auf die gegenüberliegende Seite, das sonnenverwöhnte Ostufer, zeigt eine ganz andere Welt mit einer ganz anderen Geschichte. Villen und Palazzi verlieren sich dort in terrassierten Gärten und Parkanlagen. Seit Jahrhunderten haben wohlhabende Familien aus Mailand und Novara in den ondulierten Hängen oberhalb des mittelalterlichen Städtchens Orta San Giulio ihre Sommerresidenzen. Die Ostseite ist auch die strategische Mobilitätsachse des Lago d'Orta, auf der seit Jahrhunderten die Handelsstraße zwischen Simplonpass und Mailand verlief. Heute reisen hier täglich Hunderte Lastwagen und Container auf Schienen und im Huckepack Richtung Süden.

TIPP

Der Circolo in Grassona ist ein einfacher Ort mit gutem Essen und passend für eine Wanderpause.

● Felsvorsprung Croce di Egro, I-28010 Cesara
(Wanderung von Egro über einen gut ausgeschilderten Weg)

Traum-Strand

44

Parco delle Fornaci, Caldè

Imposant ragt der weiße Fels über dem See auf, hier und da begrünt und weithin sichtbar, ein Blickfang auch von der anderen Uferseite des Lago Maggiore. Die Rocca di Caldè bei Porto Valtravaglia nördlich von Laveno ist ein Balkon über dem See, einst ein privilegierter Kontroll- und Beobachtungspunkt und Sitz einer Burg, von der heute nur noch Mauerreste existieren. Steil fällt die Felswand aus Kalkstein gut 100 Meter zum Ufer hin ab und lässt unten nur wenig Platz für drei aus Ziegelstein gemauerte Türme, die von dichtem Grün halb verdeckt sind, an mehreren Stellen eingestürzt und mit bunten Graffiti bemalt: Kalkbrennöfen, die seit mehr als 50 Jahren nicht mehr in Betrieb sind. Der Parco delle Fornaci ist ein wahrhaft faszinierender Ort, an dem sich mit struppigem Charme Geschichte, Natur und Straßenkunst begegnen. Sich in dieser Kulisse unter Bäumen an stimmungsvollen Sand- und Kiesstränden sonnen und ins Wasser springen, ist ein ganz besonderes Erlebnis. Angesichts dessen bei den meisten Strandgängern sogar der Gedanke an Palmenküsten und romantische Meeresbuchten verblasst. Kopf und Bauch, die Sinne und der Verstand kommen im Parco delle Fornaci gleichermaßen auf ihre Kosten. Der in Caldè gebrannte Kalk ging einst als unverzichtbarer Baustoff per Lastkahn über den Lago Maggiore und die Kanäle der Poebene nach Pavia, Novara und Mailand, unter anderem zur Baustelle der Dombauhütte. Wer etwas weiter auf den See hinausschwimmt oder sich mit der Luftmatratze am Ufer entlangtreiben lässt, erfasst erst vollständig die Dimensionen dieses einmaligen Industriekomplexes am Lago Maggiore. Das eigentliche Areal haben die privaten Besitzer mit Stacheldraht eingezäunt, um den nächtlichen Partys, Kunst- und Kulturevents auf dem von der UNESCO als schützenswerte Landschaft eingestuften Gelände Einhalt zu gebieten. Denn sie spekulieren darauf, dieses Erbe der lombardischen Industriekultur in ein lukratives Resort am Wasser zu verwandeln.

TIPP

In der Ristobar Sunset auf der Piazza Al Lago in Caldè den Tag genüsslich ausklingen lassen.

● Parco delle Fornaci, I-21010 Castelveccana Caldè

Kunst-Dorf

45

Paese dipinto, Arcumeggia

So konnte es nicht weitergehen. Dem Bergdorf auf 800 Meter Höhe im Hinterland des Lago Maggiore kamen immer mehr Bewohner abhanden. Weil sie von Schaf- und Ziegenzucht nicht mehr leben konnten, suchten in der ersten Hälfte des 20. Jahrhunderts die Männer und Jungen des Dorfes ihr Auskommen in der Schweiz, in Deutschland und Frankreich und zweigten von ihrem Einkommen das Geld ab, mit dem sie die zurückgebliebenen Verwandten über Wasser hielten. Das sei keine Perspektive für das Dorf, konstatierte schließlich die regionale Tourismusorganisation und fasste einen kühnen Plan. Sie regte für den Sommer 1956 das Kunst- und Kulturprojekt *pittori in vacanza – Maler machen Ferien* an. Bekannte italienische Künstler sollten aus Arcumeggia eine Kunstgalerie unter freiem Himmel machen. Und sie kamen, unter ihnen auch einige Prominente. An den Häuserwänden entstanden große Fresken und Malereien mit Motiven aus der ländlichen Tradition, dem Sport und aus Natur und Landschaft, die die Dorfgassen in eine muntere Stimmung tauchten. Als dann die jährliche Sommerschule für Freskomalerei immer mehr Kunststudenten in das Bergdorf zog, war das Open-Air-Museum fast perfekt. Denn viele Arbeiten der Sommerschüler finden bis heute ihren Platz in den Höfen der Bauernhäuser. 1957 eröffnete das sogenannte *Haus des Malers,* bei dem fast die ganze Dorfgemeinschaft mit angepackt hat, um es in eine Künstlerresidenz zu verwandeln. Fortan beherbergte Arcumeggia Dorfmaler, die während ihrer Aufenthalte dem Ort immer neue Kunstwerke zum Geschenk machten. Sie sind heute mit einem QR-Code versehen, damit Besucher sich auf ihren Handys ein Bild von den Künstlern und der Geschichte ihrer Werke machen können. Eine der Attraktionen des Dorfes ist der Aufstieg zur Chiesa Sant'Ambrogio. Zum Kirchplatz mit Panoramablick bis zum Lago Maggiore laufen Besucher an 14 Kreuzwegstationen vorbei, jede von ihnen von einem anderen Maler gestaltet. Arcumeggia gilt heute als das bedeutendste bemalte Dorf Italiens.

TIPP

Nach dem Streifzug durch das Paese dipinto in der Locanda del Pittore Rast machen.

● Paese dipinto, Arcumeggia, I-21030 Casalzuigno

Landschaft im Fluss

46 Maggiaauen, Someo, Vallemaggia

Wenn man Glück hat, bekommt man unterwegs an der Maggia einen wunderbar blau gefärbten Eisvogel zu Gesicht. Der steht auf einem Felsen im Flussbett und hält Ausschau nach einem Fisch. Auch ein paar Libellen mit metallisch blau-grünen Flügeln verharren sirrend über dem Wasser. Ringsum ein Rinnen und Plätschern, ein Gurgeln und Fließen: Die Auenlandschaft der Maggia gehört zu den wildesten der Schweiz und zu den großartigsten in Europa. Im feuchten Wald mit seinen sandigen Böden wachsen vor allem Grauerlen, dazwischen finden sich kleine Birkengruppen und Kastanien. Auf einer Lichtung trifft man auf alte Steinhäuser und am Wiesenrand auf eine freskenverzierte Kapelle, und immer wieder auf Brunnen, die zur Erfrischung einladen. An feuchten Tagen kreuzt auch schon mal ein Feuersalamander den Weg. Wenn sich dann die Abenddämmerung über das Flusstal legt, schwirren Fledermäuse durch die Luft und gehen auf Insektenjagd. Aber was sich so beschaulich anhört, ist auch eine wilde, mit enormen Felsbrocken durchsetzte Flusslandschaft. Nachdem die Maggia in einer Höhe von knapp 2500 Metern entsprungen ist, breitet sie sich Tausende Meter tiefer in der weiten Talsohle aus, teilt sich in viele Arme, pendelt in ihrem Bett mit den über Jahrhunderte hinweg angeschwemmten Gesteinsmassen hin und her, ändert immer wieder ihren Verlauf.

Die ungeheure Dynamik der Maggia bewirkt häufige Überschwemmungen und ist der Motor der Biodiversität des Talbodens. Denn die regelmäßigen Hochwasser lagern immer wieder Geröll im bis zu 600 Meter breiten Flussbett ab und formen ein Mosaik von Kiesbetten, Sandbänken, Inseln, Tümpeln und feuchten Wäldern – ein satter Lebensraum für eine vielfältige Flora und Fauna. Allerdings lässt weiter oben ein Netz von Kraftwerken an fünf Stauseen nur noch sogenanntes Restwasser ins Tal. Sie haben den Charakter der Maggia verändert, sie in den Augen vieler Naturschützer sozusagen kastriert – ein großartiges Naturerlebnis ist sie allemal geblieben.

TIPP

Im Lebensmittelladen Negozio Sapori Nostrani Val Maggia in Cevio gibt es Delikatessen aus dem Maggiatal.

● Maggiaauen, zwischen Someo und Maggia, CH-6674 Someo
(Start der Wanderung an der langen Stahlhängebrücke bei Someo)

Schlicht & einfach

47 Oratorio di Porta, Brissago

Es ist ein perfekter Kubus. Der halb offene, halb geschlossene Würfel thront bei Brissago über dem Lago Maggiore, genauer gesagt in Porta, einem kleinen mittelalterlichen Dorf, das von einer natürlichen Terrasse in der Höhe auf den See schaut. Der Blick von hier oben ist atemberaubend, fällt auf die Brissago-Inseln und bis weit in den Süden. Seit dem Mittelalter ist man in Porta stolz auf die kleine Kirche im Ortskern. Doch das alte, auf einem über den See hinausragenden Mauersockel erbaute Oratorium verfiel nach und nach und war schließlich nicht mehr zu retten. Ein neues kleines Gotteshaus sollte es ersetzen – ein durchaus gewagtes Unterfangen an diesem historisch und geografisch exponierten Ort. Aber der Schweizer Architekt Rafaele Cavadini, ein von der Tessiner Schule beeinflusster Architekt, der bevorzugt mit roh verschaltem Beton und Granit arbeitet, löste die schwierige Aufgabe auf beglückende Weise. Es ist ein Meisterwerk minimalistischer Architektur, das ihm in Porta gelungen ist, auch wenn sich einige Dorfbewohner mit dem modernen Bau nicht anfreunden können, ihn abfällig als Stahlbetonbunker bezeichnen. Die Außenwände des quadratischen Objektes sind mit Stein verkleidet, der karge Innenraum präsentiert sich in der rauen Nacktheit von Sichtbeton, den Schlitze in der Decke und den Seitenwänden mit verwunschenem Licht und Schattenspiel verzaubern. Auch die wenigen Schritte vom überdachten Portikus in die Kapelle hinein sind ein Grenzgang zwischen der opulenten Landschaft rund um den See und der Leere im Inneren. Da ist nur Raum, keine Bilder, keine Ornamente. Eine starre Ordnung schafft Ruhe und Konzentration. An den Wänden stehen einfache Holzbänke, Platz für 20 Personen. Der Architekt Cavadini zitiert einen Satz seines japanischen Berufskollegen Tadao Ando, um die von ihm angestrebte Stimmung in der neuen Kirche zu beschreiben: *Der Geist erneuert sich im Halbschatten.*

TIPP

Das Grotto Borei in Brissago – ein Traumplatz mit Blick über den See und typischen Tessiner Gerichten.

● Oratorio di Porta, Via Costa di Dentro 84, CH-6614 Brissago-Porta

Subtropisches Paradies

48

Giardino Botanico, Isole di Brissago

Die einen schauen zuerst in Tasmanien vorbei, die anderen beginnen an der mittelamerikanischen Küste, schlendern dann mit einem Zwischenstopp in Japan nach China. Andere wiederum folgen dem kleinen Schild *Rest der Welt*. Solche Weltreisen macht der Park der Brissago-Inseln möglich. Denn dieser einzige insulare botanische Garten der Schweiz ist ein subtropisches Paradies mit 2000 exotischen Pflanzen- und Baumarten aus fünf Klimaregionen. Palmen, Bananenstauden, Bambus und Ginkgos, Kamelien, Rhododendren und Azaleen entführen die Besucher in den Fernen Osten. Die Mittelamerikazone bietet großblumige Magnolien, Agaven, Yuccas und Zypressen, während der kalifornische Mohn oder Salbei aus Neuseeland auf andere Kontinente entführen. Ein bemerkenswerter Eukalyptus ist australischer Herkunft und gehört mit seinen 120 Jahren und einer Höhe von 30 Metern zu den Veteranen des Parks. Dass das alles hier auf der Insel wächst, blüht und gedeiht, ist dem mit Abstand wärmsten Klima der Schweiz zu verdanken. Besonders spektakuläre Schauplätze des Gartens sind ein Bambuswald, ein Gewächshaus, ein kleiner Strand und ein römisches Bad. Im Jahr 1885 erwarb ein deutsch-russisches Paar, der Baron und die Baronin Richard und Antoinette Flemying de St. Léger, die Inseln von Brissago und begann nach der Restaurierung der hier vorgefundenen Klosterbauten mit der Anlage des Gartens. Die Insel wurde bald zum Treffpunkt berühmter Schriftsteller, Musiker und Maler. Als die russische Aristokratin ihr gesamtes Vermögen verlor und den Besitz aufgeben musste, erwarb der Hamburger Kaufmann Max Emden 1927 die Inseln und pflegte auf ihnen fortan seinen extravaganten Lebensstil. Er ließ den luxuriösen Palast mit 30 Zimmern, eine Orangerie, das Bootshaus und die römischen Bäder errichten, rührte aber die Gärten nicht an. Nach dem Tod Emdens erwarben der Kanton Tessin und die Gemeinden Ascona, Brissago und Ronco sopra Ascona die Inseln und machten sie ab 1950 der Öffentlichkeit zugänglich.

TIPP

Der Lido di Brissago am Südende des Ortes mit 75 Meter langer Rutsche in den See – ein Kinderspaß!

● Giardino Botanico, CH-6614 Isole di Brissago, www.lakelocarno.com (Die Inseln sind mit dem Schiff von Locarno, San Nazzaro, Ascona, Porto Ronco und Brissago erreichbar)

Alles klar zur Wende

49

Officine dell'Acqua, Laveno-Mombello

Ruderkähne mit kunstvoll geschichteten Holzrümpfen, wieder instand gesetzte Flachschiffe mit Segeln für den Seetransport, Boote für die Jagd und den Fischfang: Betreten Besucher die linke Seite des historischen Bahnhofsgebäudes in Laveno, kommen sie aus dem Staunen nicht heraus. Unmittelbar an den Gleisen der Züge nach Mailand und Novara findet sich in den frisch renovierten Gebäuden ein eindrucksvolles Ensemble historischer Boote. Gleich am Eingang der Officine dell'Acqua empfängt sie eine Inglesina, ein Schiff in typischer Klinkerbauweise, das zu Beginn des 19. Jahrhunderts mit betuchten britischen Familien an den See gekommen ist. Es sind Engländer, die den Lago Maggiore als Erste für ihre Sommerfrische entdecken, damit den Grundstein für den Seetourismus legen und ihre Tradition des Schiffsbaus mitbringen, die sich die lokalen Handwerker am Lago schnell zu eigen machen. Paolo Sivelli, der Exekutivdirektor der Initiative Vele d'Epoca Verbano, ist gerade damit beschäftigt, die Antriebswelle eines historischen Außenborders zu fetten. *Wir wollen die seefahrerische Geschichte des Lago Maggiore wieder lebendig machen,* sagt Sivelli und gibt der Welle noch einen letzten Schliff. *Die für den Lago Maggiore typischen Schiffe sind eigentlich verschwunden. Aber wir wollen die wenigen historischen Modelle wieder sichtbar machen, außerdem auch Kurse anbieten, in denen man sich die Techniken der Restaurierung historischer Boote aneignen kann.* Tatsächlich hat die einst rege Seefahrt auf dem Lago Maggiore nicht viele Spuren hinterlassen, nur vereinzelt erinnern Bootswerften oder Landungsbrücken, Lastkräne oder Lagerhäuser noch an die seefahrerische Geschäftigkeit vergangener Jahrhunderte. Und die wenigen Schiffe, die zwischen der Lombardei und dem Piemont sowie der Schweiz und Italien verkehren, sind Fähren und Ausflugsschiffe für Touristen, außerdem ein paar Angel- und Privatboote von Zweithausbesitzern. Die Officine dell'Acqua machen sich bereit für eine Wende.

TIPP

Im Bahnhof von Cittiglio erinnert das Fahrradmuseum Museo Alfredo Binda an den legendären Sportler.

● Officine dell'Acqua, am Bahnhof, Via G. Garibaldi, I-21014 Laveno-Mombello, www.officinedellacqua.eu (Schräg gegenüber dem Anleger der Fährschiffe der Navigazione del Lago)

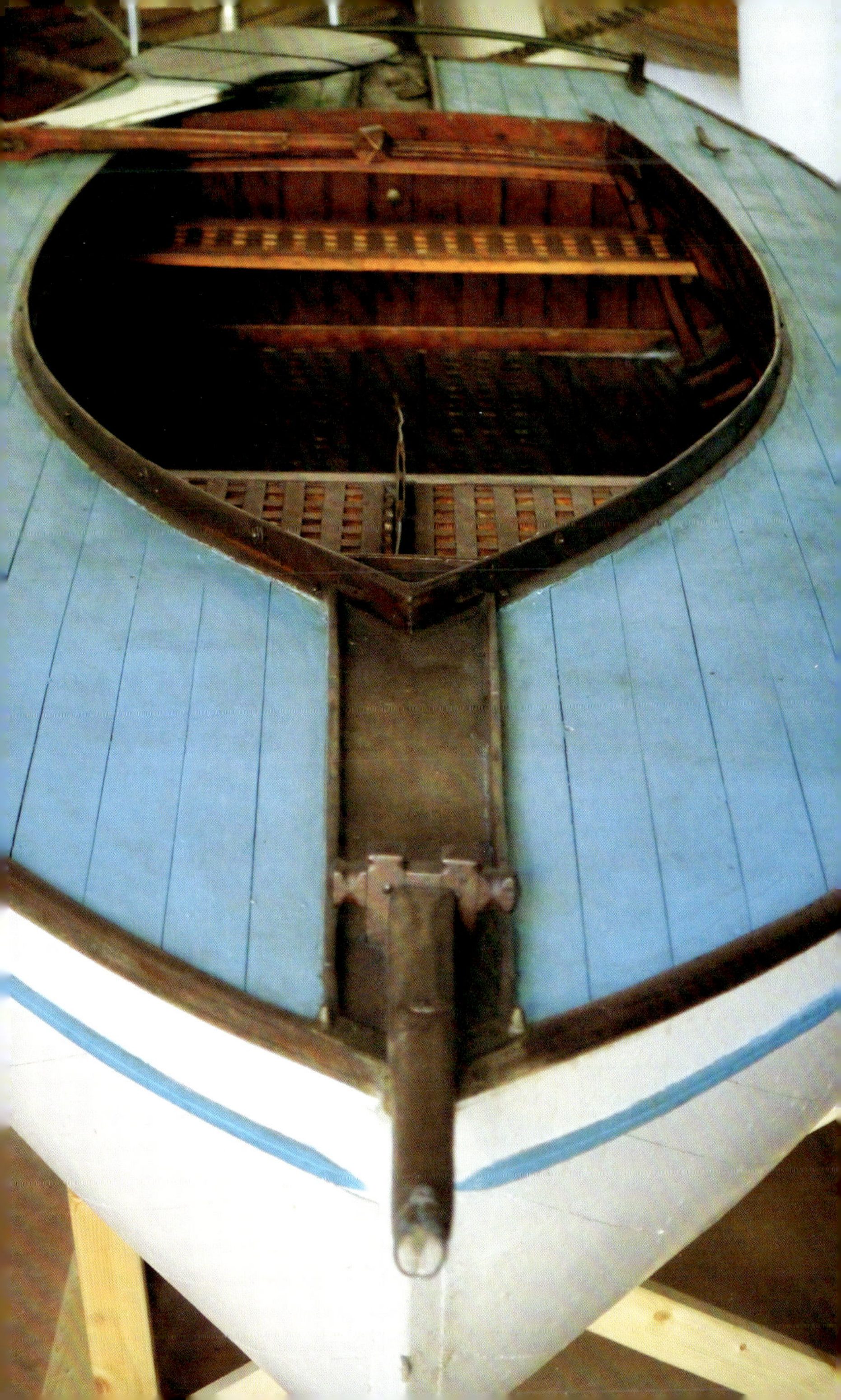

Gut in Schwung

50 Riesenschaukel, Rasa, Centovalli

Mit der Panoramabahn geht es von Locarno ins Centovalli bis zur Haltestelle Verdasio. Dann Umstieg in die Seilbahn, die alle 20 Minuten in das autofreie Bergdorf Rasa auf 898 Meter Höhe fährt, das übers Jahr nur noch 14 Personen bewohnen. Aussteigen, et voilà: Nach etwas Kraxelei ganz am Ende einer Wiese steht am Abhang eine Riesenschaukel. An einem hochgewachsenen Baum halten lange, starke Seile ein 100 Zentimeter breites Sitzbrett. *Swing the world:* Allein oder als Paar hinaus in die Weite des Tals zu schwingen und dabei die atemberaubende Kulisse unter den Füßen zu verlieren, ist ein Riesenvergnügen. Die Idee zu der Schaukel hatte ein junges Tessiner Paar während des Corona-Lockdowns im Frühling 2020. Eigentlich wollten die beiden nur eine Schaukel für den eigenen Garten bauen. Für die Präsentation auf ihrem Instagram-Account suchten Elisa Cappelletti und Fabio Balassi eine fotogene Location. Dabei entstand ganz nebenbei die ebenso simple wie geniale Idee: originelle Orte im Tessin zum Schaukeln bringen. Die starke Resonanz auf das Projekt war für die Initiatoren überraschend, führte aber auch zu einer festen Kooperation mit der Tourismusorganisation im Tessin, die darin eine originelle Marketingidee sah. Auf Bergkuppen und an Stränden, an Wasserfällen oder auf Hügeln vor einem weit ausladenden Tal wie hier in Rasa laden nun solche Riesenschaukeln zum lustvollen Schweben über der Landschaft ein. Eigentlich müssten sich die Krankenkassen an deren Finanzierung und Unterhaltung beteiligen. Von klein auf macht nämlich Schaukeln nachweislich gesund und glücklich. Eltern beruhigen ihr weinendes Kind mit sanftem Schaukeln. Schaukelpferde sind begehrte Spielgeräte. Ältere Menschen, die viel Zeit in Schaukelstühlen verbringen, fühlen sich zufriedener und fragen weniger nach Schmerzmedikamenten. Schüler, die viel schaukeln, schneiden besser beim Spracherwerb sowie beim Lesen und Schreiben ab. *Swing the world* macht also nicht nur glücklich und gesund, sondern auch schlau.

TIPP

Im Grotto in Rasa regionale Spezialitäten verzehren und die zwei Esel der Gemeinschaft streicheln.

Riesenschaukel, CH-6655 Rasa, Centovalli
(Mit der Panoramabahn von Locarno bis zur Haltestelle Verdasio)

Goldfieber

51 Sacro Bosco di Mergugno, bei Brissago

Einige sind von Furchen durchzogen. Rissig, höhlenartig und verdreht wirken sie wie Dämonen. Viele Stämme liegen auf dem Waldboden und vermodern langsam. Aber nicht allein das harte Holz macht den Berg-Goldregen hier oben im Sacro Bosco di Mergugno einzigartig. Denn insbesondere im Monat Juni hängen seine gelben Blüten dicht an dicht in Trauben an den Bäumen – als wäre der Sternenhimmel über ihnen eingestürzt. Dazu schafft das Grün mächtiger Farne einen eindrücklichen Kontrast. Auf einer leicht abschüssigen Wiese heben sich Rhododendren und ein paar einsame Goldregen pittoresk von den Hängen des Monte Ghiridone ab. Weiter geht's. Und jetzt wird es noch gelber, der Duft noch stärker. Zwischen Buchen und Schwarzerlen, Vogelbeer- und Grünerlenbüschen entfalten zwei der drei weltweit bekannten Goldregenarten ihren Farbenzauber. In der Blütezeit, zwischen Mai und Juni, ist dies das Mekka von Botanikern und Naturliebhabern. Viele der Bäume hier sind bis zu 180 Jahre alt und außergewöhnlich groß. Einige erreichen Durchmesser von 60 Zentimetern und wachsen bis in eine Höhe von 12 Metern. Das Naturschutzgebiet von Mergugno mit einer Fläche von 102 Hektar und in einer Höhe von 800 bis 1700 Metern gehört nicht nur wegen seiner Panoramalage über dem Lago Maggiore zu einem der zehn Wälder in der Schweiz, die man unbedingt besucht haben sollte. Mitglieder des Vereins *Amici della Montagna* kümmern sich gemeinsam mit der Gemeinde Brissago um die Pflege des Waldes und des Goldregens, der ein edler und robuster Baum ist, der seine Blätter im Herbst mit Entschlossenheit abwirft. Aber Vorsicht: In allen seinen Teilen, dem Holz, der Rinde, den Wurzeln und den Blättern, enthält der Goldregen nämlich Cytisin, ein starkes Alkaloid mit hochgiftigen Eigenschaften. Insekten wie Bienen und Käfer werden von dem Gelb magisch angezogen, aber sie dürfen die Blüten nur bestäuben – Nektar bekommen sie nicht.

TIPP
Das Rifugio Al Legn in Panoramalage über dem See: zur Vesper und Übernachtung ein wunderbarer Ort.

● Sacro Bosco di Mergugno, bei CH-6614 Brissago

Ganz schön tricky

52

Golfplatz Alpino di Stresa, Gignese

Weltweit fordern viele attraktive Meisterschaftsplätze durch ihre schwer überwindbaren Distanzen heraus. Auf trickreichen kleineren Plätzen wie dem des Golfclubs Alpino di Stresa braucht es völlig andere Skills. Es geht über Berg und Tal, viele Zielfahnen sind beim Anspiel überhaupt nicht zu sehen. Annäherungsschläge im Blindflug müssen genau platziert sein, sonst rollen die Bälle ins Unterholz oder auf abschüssigen Spielbahnen ins Nirgendwo. Variantenreich und präzise – in Gignese wird schnell verständlich, weshalb das Golfspielgerät aus 14 unterschiedlichen Schlägern besteht. Der Platz auf einer ondulierten grünen Terrasse hat es in sich. Denn hier sind die Spielbahnen nicht durch große Erdmaschinen freigeräumt, sondern das Gelände ist in die natürliche Landschaft eingepasst. Hügel und Steine, Bäche, Bäume und abfallendes Gelände bilden strategische Hindernisse, die die Handschrift englischer Landschaftsarchitektur tragen. Tatsächlich hat sich vor beinahe 100 Jahren der umtriebige irisch-britische Golfplatzarchitekt Peter Gannon diese Anlage ausgedacht. Golf, ein Spiel mit und nicht gegen die Natur – im Jahr 1924 begann Gannon mit dem Bau der Anlage, die Sportgeschichte geschrieben hat. In den Jahren 1925 bis 1927 fanden hier die ersten Offenen Italienischen Meisterschaften statt. Das Panorama über dem Lago Maggiore, das milde Klima und die Nähe zum Gipfel des Mottarone zogen jedoch nicht nur Golfspieler an. Seit Mitte des 19. Jahrhunderts wurden die Hänge des Lago Maggiore zur Sommerfrische für italienische und europäische Bürger, Aristokraten und Künstler. Sie legten hier ihre repräsentativen Villen, Palazzi und Gärten an und gründeten als einen ihrer sozialen Knotenpunkte den Golfclub Alpino. Heute weht in seinem Clubhaus immer noch eine Atmosphäre nostalgischen Charmes, der aber nicht distinguiert und elitär daherkommt. Es sind die einladende, familiäre Stimmung und der herausfordernde Platz, die das Golfspiel in Gignese so beglückend machen.

TIPP

Im Museo dell'Ombrello e del Parasole in Gignese geht es um den Sonnen- und Regenschirm.

● Golfclub Alpino di Stresa, Viale Golf Panorama 48, I-28839 Vezzo
www.golfalpino.it

Visionen

53 Passerella Cardada-Cimetta, Locarno

Ein schwebend wirkender, von dünnen Stahlseilen gehaltener Steg zieht sich über die Baumwipfel hinweg Richtung Himmel. Die Passage gleicht einer Lichtung, Bäume links und rechts schaffen eine Art Tunnel, der unwillkürlich dazu auffordert, weiter nach vorn zu laufen. Am Ende der Passarelle ragt dann eine Aussichtsplattform in den leeren Raum. Wie von einem mächtigen Freibalkon bietet sich aus 1340 Meter Höhe ein 180-Grad-Panorama auf den Lago Maggiore, das Centovalli und das Maggiatal. Und gleich zwei Extreme faszinieren besonders: der tiefste Punkt der Schweiz, das zwischen Ascona und Locarno sich in den See hinausschiebende Maggiadelta und auf der anderen Seite die Dufourspitze des Monte Rosa als ihr höchster Punkt. Bei klarer Sicht sind im Süden sogar die Ligurischen Alpen zu sehen. Veredelt hat dieses natürliche Schmuckstück, das man von Orselina bei Locarno aus mit einer spektakulären Seilbahn erreicht, der Schweizer Architekt Mario Botta. Er hat nicht nur die luftige Plattform in der Höhe kreiert, sondern auch der Berg- und Talstation der Bahn eine moderne Gestalt gegeben, die mit Zweckarchitektur nichts zu tun hat. Weiter geht es auf die Spitze des Berges, entweder mit einem Sessellift oder zu Fuß. Hat man den Gipfel erreicht, geht die 180-Grad- in eine 360-Grad-Perspektive über. Die gesamte Region und die angrenzenden Bergketten kommen in den Blick. Von hier oben lässt sich auch die sogenannte *Linea insubrica* ausmachen. So heißt die Gebirgslinie, die den Nord- vom Südteil der Alpen abtrennt. Wenn im Sommer das Thermometer am See auf 30 Grad klettert, ist es hier oben mit 20 Grad angenehm kühl. Der Herbst taucht die Buchen, Lärchen, Kastanien und Birken an den umliegenden Hängen in ein Kaleidoskop von Rot- und Brauntönen. Und der Winter verwandelt Berge und Landschaften in ein faszinierendes Märchenland mit schneebedeckten Wiesen und Wäldern. Das ganze Jahr über sind Cardada und Cimetta Traumorte und geologische Beobachtungsstationen gleichermaßen.

TIPP

Die Ghisla Art Collection zeigt rund 200 Kunstwerke der Moderne von Picasso bis zu Roy Lichtenstein.

● Passerella Cardada-Cimetta, CH-6605 Locarno

Besonders aussichtsreich

54 Belvedere Augusto Zucoli, Giro del Sole, Agra

Was die Franzosen *Bellevue* nennen, heißt auf Italienisch *Belvedere:* schöne Aussicht. Besonders im 18. Jahrhundert werden Türmchen, Kuppeln, offene Galerien oder Loggien mit attraktiver Fernsicht so bezeichnet. Bei manchen Villen findet man Belvederetürmchen und nicht selten sind Aussichtspavillons in Parks so benannt. Ein Belvedere ist auch die Hauptattraktion eines sich bei dem Dorf Agra oberhalb von Luino um die Ronchetti-Hügel schlängelnden, eindrucksvollen Spazier- und Wanderwegs. Der durch Buchen-, Birken- und Kastanienwälder meist im Schatten verlaufende Giro del Sole geht in den Giro della Luna über – ein Wegeverbund auf einem sonnenverwöhnten, großen Bergplateau Hunderte Meter über dem Lago Maggiore. Lichtungen, Baumgruppen, ab und an durchgrünte Dschungel, dann kommt schon hinter einer Schneise ein Flecken Himmelblau in Sicht, kurz darauf die Steinmauern des Belvedere Augusto Zucoli. Und dann: wow! Der Panoramablick von diesem Balkon aus auf den See ist so beeindruckend, dass einem geradezu schwindelig davon werden könnte. Es gibt viele Aussichtspunkte rund um den Lago Maggiore, die ihn immer wieder anders erscheinen lassen, mal silbrig und mediterran von grünen Hügeln gerahmt, dann stahlblau und fast klirrend vor steil aufragendem Gebirge. Was den Belvedere bei Agra aber so besonders macht, ist, dass der Lago Maggiore von ihm aus gesehen seine ganze facettenreiche Wucht zeigt. 37,5 Milliarden Kubikmeter Wasser in endloser Weite, das kraftvoll gen Süden zu drücken scheint; eher einer Meeresbucht als einem Binnengewässer ähnlich. Unten am Ufer der Siedlungsmix von Luino und Germignaga, schräg gegenüber auf der anderen Seeseite das malerische Cannero Riviera und das nicht weniger faszinierende Cannobio mit seiner wunderbar lang gezogenen Uferpromenade. Wie gut sichtbar hier auch die Zweiklassengesellschaft ist, die Teilung des Sees in die fette, die reiche piemontesische Seite, und die *costa magra,* die ärmere lombardische!

TIPP

Die Pizzeria Grotto Bedore in der Via delle Betulle 15 in Agra bietet sich für eine Wanderpause an.

● Belvedere Augusto Zucoli auf dem Giro del Sole, Via Giro del Sole 7/5, I-21010 Agra

Klopfgeräusche

55 Scuola di Scultura di Peccia, Vallemaggia

Hämmern, Feilen, Sägen, Klopfen: Aus der Entfernung klingt es wie ein metallisches Konzert. Unter einem großen Sonnensegel sind etwa ein Dutzend Männer und Frauen mit Spitzeisen und Stahlfäusteln konzentriert bei der Arbeit. Splitter fliegen herum, Steinstaub liegt in der Luft. Langsam nehmen die Rohlinge aus weißem Peccia-Marmor Gestalt an. Diesen druckfesten, aber leicht zu bearbeitenden Stein verwandeln jährlich 400 Schüler der Scuola di Scultura di Peccia in Kunstwerke und ästhetische Objekte. Sie reisen in das abgelegene Seitental der oberen Maggia, um in einem Sabbatical auf neue Gedanken zu kommen, in berufsbegleitenden Kursen die Bildhauerei zu erlernen oder sich in einem kreativen Aktivurlaub zu entfalten. Der Marmor kommt vom Unternehmen Cristallina AG, das den Stein seit dem Jahr 1946 in der Cava di Marmo abbaut, dem ältesten Marmorbruch der Schweiz. Die Kunstpädagogin Almute Grossmann-Naef und ihr Mann Alex Naef leiten das Kunstzentrum, das 2019 seinen 35. Geburtstag gefeiert hat. Seit das neue futuristische Ausstellungs- und Veranstaltungsgebäude des Centro Internazionale di Scultura (CIS) am Ortseingang von Peccia hinzugekommen ist, entwickelt es sich zu einem Magneten für alle Spielarten dieser dreidimensionalen Kunst. In fünf Künstlerateliers kommen mittlerweile fünf *Artists in Residence* aus aller Welt unter und bleiben ein halbes Jahr. Vor Interessenten kann sich die Bildhauerschule kaum noch retten, auch Galeristen kommen nach Peccia, um sich neue Impulse zu holen, und Museumsleiter suchen und finden in der Scuola di Scultura neue Talente. Sie ist ein Ort mit internationalem Flair, gelegen in einer imposanten Kulisse aus majestätischen, die Täler trennenden Granit- und Gneisformationen, die sich vor Urzeiten während der Auffaltung der Alpen hier aufgetürmt haben. Am Horizont erblickt man den Pizzo Castello und die Punta della Rossa. Beide Gipfel sind mehr als 2800 Meter hoch und formen sich mit etwas Fantasie zu einem großen M wie Marmor.

TIPP

Wunderbare Einkehr in das idyllisch gelegene Grotto Pozzasc in Peccia am Bachufer.

● Scuola di Scultura di Peccia, CH-6695 Peccia, Vallemaggia

Nichts für schwache Nerven

56

Ponte Tibetano, bei Bellinzona

Menschen mit Höhenangst sollten nicht nach unten schauen, denn Ein- und Ausstieg weisen ein Gefälle von 24 Prozent auf. Aber keine Angst, es geht nicht wirklich abwärts. Es fühlt sich eher so an, als würde man auf Wolken laufen, schwebend. Seit dem 31. Mai 2015 überspannt die 270 Meter lange tibetanische Brücke das tiefe Flusstal der Sementina bei Bellinzona und verbindet die Tessiner Gemeinden Curzútt und San Bernardo mit dem attraktiven Wanderweg Via delle Vigne. In einer Höhe von 696 Metern sind armdicke Stahlseile in massiven Betonfundamenten auf beiden Seiten des grünen Tals verankert. 50 Tonnen Material sind hier verbaut, was diese solide und doch leichte Konstruktion vertrauenswürdig und die Querung der Brücke auf den 750 stabilen Bodenplatten aus Lärchenholz zu einem besonderen Erlebnis macht. Ist man in ihrer Mitte angekommen, liegt in 130 Meter Tiefe die Wasserschlucht der Sementina. Beim Blick nach unten kommt Begeisterung auf, auch dank der 115 Zentimeter hohen Brüstung der Brücke, die verhindert, dass es im Magen dabei allzu flau wird. 1,6 Millionen Schweizer Franken haben sich die Bauträger dieses architektonische Kunstwerk kosten lassen, eine Ausgabe, die die große Resonanz des Ponte Tibetano inzwischen vollkommen gerechtfertigt hat. Rund 70.000 Besucher zählen die Brücke und die Region jedes Jahr. Denn sie ist nicht nur ein fotogener Lückenschluss eines Panoramawanderwegs über der Magadinoebene mit Blick auf die Burgen und Festungen rund um Bellinzona, sondern sie macht noch weitere Attraktionen zugänglich. Zum Beispiel das auf dem schönen Hochplateau von San Defendente gelegene gleichnamige Oratorium spätmittelalterlichen Ursprungs mit Fresken aus dem 16. Jahrhundert. Um den Ponte Tibetano zu erreichen, nimmt man zunächst die Seilbahn hoch nach Curzútt. Von hier geht es dann im leichten Auf und Ab entlang des Berghangs zu der eleganten Brücke. Nervenkitzel garantiert.

TIPP

Samstags lädt ein großer Markt rund um die Piazza Nosetto in Bellinzona zum Einkaufsbummel.

● Ponte Tibetano, CH-6500 Bellinzona
(Mit der Seilbahn von Monte Carasso nach Curzútt, von dort zur Brücke)

Zeitreise Mobilität

57

Volandia & Verkehrsmuseum, Somma Lombardo

Ob die Lokomotive Nummer 8 aus den legendären Don-Camillo-und -Peppone-Filmen, Guiseppe Verdis Reisewaggon der Staatsbahn oder eine prächtige zweispännige Kutsche: Das Museo dei Trasporti Ogliari in dem im Süden des Lago Maggiore gelegenen Somma Lombardo erzählt mit Vehikeln aus 300 Jahren europäische Mobilitätsgeschichte. Die mehr als 200 Oldtimer umfassende Sammlung aus Straßen- und Standseilbahnen, Lokomotiven und Waggons, Pferdekutschen und Zweirädern ist die Lebensleistung des vielseitig engagierten Francesco Ogliari. Der im Jahr 1931 geborene Historiker und Jurist, Doktor der Philosophie und einstige Professor für Verkehrsgeschichte leitete 25 Jahre lang das Museo nazionale della Scienza e della Tecnologia Leonardo da Vinci in Mailand. Er schrieb eine 80-bändige Geschichte des Transportwesens und trug ganz nebenbei Mobilitätsmaschinen für eine einzigartige museale Zeitreise zusammen. Nach seinem Tod verschenkten seine Kinder diese Sammlung an ein kongeniales Partnerprojekt in der Region, den Flugpark und Museumskomplex Volandia, der – nur einen Steinwurf vom Mailänder Flughafen Malpensa entfernt – Düsenjäger, Heißluftballons, Drohnen, Hubschrauber, Segelflugzeuge und sogar Raumschiffe präsentiert. Auch in einen Flugsimulator kann man steigen, um sich den Traum vom Fliegen zu verwirklichen. Die Flugobjekte haben in den Hangars und Schuppen der ehemaligen Officine Aeronautiche Caproni auf 60.000 Quadratmetern ihren Platz gefunden. Ergänzt durch die Züge und Autos des Museo dei Trasporti ist in Somma Lombardo eines der faszinierenden Mobilitätsmuseen in Europa entstanden. Und nicht genug der staunenswerten historischen technischen Artefakte: Auf dem Gelände ist außerdem eine Ausstellung des Museo Flaminio Bertoni zu sehen, die dem lombardischen Konstrukteur und Designer gewidmet ist, der mit der Göttin, dem Citroën DS, und der Ente, dem 2CV, Automobilgeschichte geschrieben hat.

TIPP

Ein schöner Uferweg entlang des Ticino beginnt in Sesto Calende an der Viale Italia.

● Volandia & Museo dei Trasporti Ogliari, Via per Tornavento, I-21019 Somma Lombardo, www.volandia.it

Ich schreibe keine Krimis

58 Museo Centovalli e del Pedemonte, Intragna

21. Juni 1941: Noch nie habe ich so sehr schreiben wollen wie jetzt. Ich habe eine solche Hölle hinter mir von Falschheit, Tränen, Spott, künstlichen Glücksgefühlen, Träumen, Begierden und Ernüchterung, von schönen Fassaden, die Hässliches verbargen, von hässlichen Fassaden, die Schönes verbargen, von Küssen und von trügerischen Umarmungen, von Rauschmitteln und Flucht. – Ich bin begierig, so viele Leben zu leben, das ist es. Ich werde so viele verschiedene Personen sein, bevor ich sterbe. Die Zitate aus den Tagebüchern von Patricia Highsmith fangen wie in einem Prisma die produktive Verlorenheit und geniale Asozialität einer der erfolgreichsten Autorinnen des 20. Jahrhunderts ein. Mit ihrem ersten Roman *Fremde in Zug* und dessen Verfilmung durch Alfred Hitchcock wurde Highsmith im Jahr 1951 berühmt. Die Geschichte von einem fast perfekten Verbrechen brachte ihr endlich das Geld, um von New York nach Europa auszuwandern. Nach Jahren in Italien, England und Frankreich ließ sie sich in Tegna nieder, einem Dörfchen nicht weit von Locarno. Highsmith mied die Öffentlichkeit, galt als eigensinnig, lebte gemeinsam mit Katzen und Schnecken, arbeitete in Haus und Garten, zimmerte Möbel, zeichnete und malte – und verbrachte täglich mehrere Stunden an der Schreibmaschine. *Gerechtigkeit und Moral langweilen mich,* sagte sie einmal. Sie hasste Hunde, Blumen und Kinder und sie exponierte sich als Antisemitin, was ihrem internationalen Ansehen als Schriftstellerin von Rang so gut wie nicht schadete. Ihre psychologischen Kriminalromane konzentrierten sich weniger auf die Aufklärung der Taten als auf die verschlungenen Motive der Täter, zum Beispiel ihrer populärsten Romanfigur Tom Ripley. Sie untergrabe das Genre des Thrillers, weil der Leser Partei für die Seite des Mörders ergreife, schrieb einer ihrer Biografen. 1995 fand Highsmith ihre letzte Ruhestätte in Tegna und ihre Schreibmaschine wurde ein Schmuckstück der Sammlung des örtlichen Heimatmuseums.

TIPP

Das Ristorante alla Cantina bittet in einem historischen Gebäude an der Piazza in Tegna zu Tisch.

● Museo Centovalli e del Pedemonte mit Patricia Highsmiths Schreibmaschine, Casa Maggetti, CH-6655 Intragna, www.museocentovallipedemonte.ch

OLYMPIA
Report de Luxe

Nah am Wasser

59 Uferrundweg, Orta San Giulio, Lago d'Orta

Ritmo, ritmo, ritmo – die Anfeuerung kommt aus einem Megafon, schallt von Norden her über den Lago d'Orta. Sie muss etwas mit Koordination zu tun haben. Und da nähern sich auch schon drei sehr schmale, schnittige Zweierkajaks. Mit elegantem Schwung tauchen die Sportler ihre Paddel in den See, gleiten erstaunlich schnell über das Wasser. Im Begleitboot steht der Mann mit der Schalltüte: einsetzen und durchziehen! In den Booten sitzen Jugendliche, die Mitglieder sind im renommierten Ruderclub in Omegna an der Nordspitze des Sees. Der hat schon zahlreiche italienische Meister, Olympioniken und Goldmedaillengewinner hervorgebracht. Außer den Geräuschen der Ruderer ist an diesem lauen Frühsommertag vom Uferweg aus, der idyllisch rund um die Halbinsel von Orta San Giulio führt, kaum ein Laut zu vernehmen. Da sind noch einige Stand-up-Paddler, die die Insel umrunden und einem vorbeifahrenden Arbeitsboot ausweichen. Aber wie wenig Schiffe unterwegs sind! Nur ein paar Angler haben ihre Ruten ausgeworfen, tuckern mit ihren Elektromotoren ganz leise über das Wasser. Jetzt gerade startet auch das Verkehrsschiff, die etwas überalterte Azalea, die immer leicht Schlagseite hat, und nimmt Kurs auf die Insel. Und vor dem Segelclub in Pella auf der Uferseite gegenüber tanzt ein Katamaran auf einer Kufe. Die Segler nutzen den Wind, der bei sonnigem Wetter häufig um die Mittagszeit herum auffrischt, während der See ansonsten mit seiner Dünung geizt. Gott sei Dank, denn wenn das anders wäre, herrschte hier womöglich ein sportlicher Trubel wie am Gardasee und mit der verlorenen Stimmung am Wasser wäre es vorbei. Man sieht den Nordwind schon aus der Ferne kommen, dann kräuselt sich das Wasser, die ondulierten Flächen nähern sich, aus dem Stahlblau wird ein Dunkelblau, es glitzert, blinkt und blitzt, weil sich die Sonnenstrahlen in den kleinen Wellen brechen. Der Lago d'Orta mit seinem melancholischen Charme ist einfach unschlagbar!

TIPP

Vom eindrucksvollen Sacro Monte oberhalb von Orta ist der Blick auf See und Insel wunderbar.

● Lungolago Orta San Giulio, I-28016 Orta San Giulio (Kurz hinter dem Parkplatz an der Villa Crespi in Orta führt der Weg hinunter zum Rundweg am See entlang)

Elegant & luftig

60

Isornobrücke, Intragna, Centovalli

Viele Schweizer Zeitungen überschlugen sich im November 1923 in ihren Artikeln und Kommentaren. Sie sprachen von *kühnsten Brückenkonstruktionen*, von *Zügen als Trapezkünstler* und von *atemberaubenden Fahrten*. Der Anlass: die Einweihung einer historischen Eisenbahnstrecke im Centovalli, dem Tal der hundert Täler. Es handelt sich um den Lückenschluss zwischen den beiden Alpentraversalen der Gotthard- und der Lötschberg-Simplon-Route. Die sogenannte Centovalli-Bahn verbindet auf einer Strecke von 52 Kilometern die Städte Locarno und Domodossola und hat als Alpenschmalspurbahn einzigartige geografische Herausforderungen zu meistern. Tiefe Felspalten, enge Schluchten und bis zu 1000 Meter hohe Berge verlangten den Planern und Ingenieuren beim Ausbau der Strecke in dieser von 100 Fluss- und Bachtälern durchschnittenen Landschaft alles ab. Wer heute mit der Panoramabahn auf der wirklich sensationellen Strecke unterwegs ist, erlebt einen einzigartigen Naturfilm mit Ausblicken auf Wasserfälle und Kastanienwälder, Stauseen und Sturzbäche. In den 31 Tunneln herrscht Dunkelheit und Zwielicht. Dann geht es wieder durch enge Kurven und auf und ab mit einem maximalen Gefälle von 60 Prozent. Unter den sage und schreibe 83 Brücken und Viadukten, über die der erste Streckenteil führt, ist die Bogenbrücke über den Isorno bei Intragna die außergewöhnlichste. Ihre schlanke Konstruktion aus feingliedrigem Stabwerk gilt als Meisterwerk der Ingenieurskunst. Weil ein stützendes Baugerüst über der tiefen Isornoschlucht zu viel Holz verschlungen hätte, nähern sich die beiden luftigen Brückenflügel von der Domodossola- und der Locarno-Seite im Freivorbau einander an. Beim Bau mussten angeseilte Arbeiter in 80 Meter Höhe glühend erhitzte Nieten in die Stahlverbindungen treiben, und das über eine Spannweite von 120 Metern. Die zuvor durchgeführten statischen Berechnungen gingen zum Glück auf: Mitten über der Isornoschlucht trafen die beiden Stahlflügel passgenau aufeinander.

TIPP

Das Albergo Ristorante Centovalli in Ponte Brolla ist ein schöner Ort zum Übernachten und Speisen.

● Isornobrücke, CH-6655 Intragna
(Fahrplan der Centovalli-Bahn: www.vigezzinacentovalli.com)

1500 Stufen

61

Crealla, Valle Cannobina

1500 Stufen trennen Crealla vom Rest der Welt. Bis zum Jahr 2005 mussten alle, die dort lebten, mit Sack und Pack die lange Treppe aus dem Tal zu ihrem Heimatdorf hinaufsteigen. In den 1960er-Jahren waren es immerhin noch 350 Einwohner, die so ihren Weiler im Valle Cannobina erreichten. In noch weiter zurückliegenden Zeiten hätte man daher hier oben ohne eine ganz besondere Allzweckwaffe nur schlecht überleben können: den Kastanienbaum. Dessen Früchte geben über Jahrhunderte der Berg- und Landwirtschaft ihr Gesicht und prägen bis heute die regionale Küche – nicht nur im abgelegenen Crealla. Die Kastanie gilt als Brot der Armen und der Kastanienbaum hilft im täglichen Überlebenskampf. Hausfrauen backen aus dem Mehl Brot, Zimmerleute verwenden Sparren und Balken aus Kastanienholz, Tischler fertigen damit Möbel sowie Tür- und Fensterrahmen. Köhler gewinnen aus der Kastanie Holzkohle, Apotheker nutzen sie als Heilpflanze in der Kräutermedizin, Gerber verwenden ihre Inhaltsstoffe zur Bearbeitung von Tierfellen und, und, und. Es gibt also allen Grund, die Kastanie zu feiern. Daher lockt die Castagnata, die im Herbst gefeiert wird, Jahr um Jahr Hunderte Menschen nicht nur, aber auch nach Crealla. Wenn auf dem Kirchplatz die Früchte des Kastanienbaums auf Schwenkpfannen über offenen Feuerstellen rösten, kommen auch die Nachbarn aus Falmenta und erinnern sich an die Zeiten, als es die Straße noch nicht gab. Denn erst seit fast 20 Jahren steht für die heute acht verbliebenen Einwohner die lang ersehnte Zufahrt zur Verfügung. Sie hat zwar den Alltag erleichtert, aber das Leben nicht wirklich verändert. Noch immer zeigt der Glockenturm der Kirche die Stunden an, findet hier jeden Sonntag ein Gottesdienst statt und öffnet an jedem dritten Mittwoch im Monat der Dorfarzt in der früheren Mädchenschule seine Tür zur Sprechstunde. Straßenzugang statt endloser Treppenstufen – in den wilden Bergen des Cannobinatals bleibt das verwunschene Crealla auf 627 Meter Höhe aus der Welt gefallen.

TIPP

Vesper in der Trattoria degli Operai in Ponte Falmenta, dahinter führt ein Weg hinunter zum Fluss.

● I-28825 Crealla, Valle Cannobina

Lebhaft & fröhlich

62 P. Troubetzkoy, Museo del Paesaggio, Verbania

Er arbeitet krampfhaft, schleudert Tonklumpen mit einem Stöhnen herum, macht dabei seltsame, stumme Bewegungen mit seiner Zunge, wie ein wortloser Prophet. Er bedeckt sich mit Gips. Er bedeckt mich mit Gips, sodass am Ende das Atelier in Trümmern liegt, begraben wie Pompeji unter den Schlacken eines Vulkans und in der Mitte eine temperamentvolle Büste, eine meiner Reputationen … So schilderte der mit Paolo Troubetzkoy befreundete George Bernhard Shaw, wie eine der bekanntesten Arbeiten des Bildhauers entstand. Der Sohn eines russischen Prinzen und einer amerikanischen Sängerin entwickelte sich in einem umtriebigen Künstlerleben zum Porträtisten prominenter Persönlichkeiten aus Kultur und Politik. Sein Stil markierte den Beginn einer neuen Epoche der Bildhauerei. *Modellieren à la Troubetzkoy:* Diese Redewendung bedeutet so viel wie schnell, überschwänglich, lebhaft und fröhlich. Statt sich am akademisch-klassischen Material des Marmors abzuarbeiten, formte Troubetzkoy mit bloßen Händen Wachs und Knetmasse. Impulsiv, intuitiv ging er an seine Büsten heran und beschäftigte sich auch nicht weiter mit seinem Gegenüber. Als Leo Tolstoi während seiner Ateliersitzungen etwas indigniert feststellte, der Künstler habe ja bisher keine einzige Zeile von ihm gelesen, antwortete Troubetzkoy: *Sie haben einen wunderbar geformten Kopf.* Statt glatter Oberflächen ließ er markante Arbeitsspuren auf seinen Objekten sichtbar bleiben. An ihnen bricht sich das Licht, seine Büsten, Figuren und Statuen bekommen so eine raumgreifende emotionale Präsenz. Er wird zu einem der Meister des Impressionismus in der Skulptur. Licht, Farbe, Bewegung, Flüchtigkeit – was bisher nur in der Malerei zum Ausdruck kam, brachte Troubetzkoy in die dritte Dimension. In Ghiffa bei Verbania geboren, pendelte er später zwischen seinem Atelier bei Paris und dem Lago Maggiore. Alle Arbeiten des mit dem See so eng verbundenen Künstlers schenkten die Erben nach seinem Tod im Jahr 1939 dem Museo del Paesaggio.

TIPP

Das Buchantiquariat Spalavera in Pallanza ist ein Ort zum Stöbern und eine bibliophile Fundgrube.

● Museo del Paesaggio, Via Ruga 44, I-28922 Verbania, www.museodelpaesaggio.it

Ganz schön komisch

63

Teatro Dimitri, Verscio, bei Locarno

Sein Talent bestand darin, das Publikum zum Lachen und zugleich zum Nachdenken zu bringen. Dimitri wusste schon im Alter von acht Jahren, was er werden wollte: Clown und Komiker. Er absolvierte seine künstlerische Ausbildung in Paris als Schüler von Étienne Decroux und Marcel Marceau und seine ersten Auftritte im kleinen Marionettentheater von Ascona machten ihn dann im Jahr 1959 schnell zum Publikumsliebling. Auf Tournee mit dem renommierten Circus Knie war Dimitri auch international erfolgreich, wurde zu einem Weltstar der komischen Kunst. Die wollte er schließlich gerne an andere Talente weitergeben. Aber wo? Im Tessin gab es dafür keine feste Bühne und auch keine Schauspielschule, weshalb er gemeinsam mit seiner Frau Gunda im Jahr 1971 das Teatro Dimitri im kleinen Dorf Verscio in der Nähe von Locarno gründete. Diese Bühne für zeitgenössisches Theater, Akrobatik, Tanz und Musik entwickelte sich zu einem Kristallisationspunkt der darstellenden Künste in der Region. Und die seit dem Jahr 2006 angegliederte Accademia, eine der vier Theaterhochschulen der Schweiz, hat sich inzwischen zu einer weltberühmten Ausbildungsstätte für Nachwuchskünstler in Maskenspiel, Tanz, Akrobatik und Stimmbildung entwickelt. In Verbindung mit einem Restaurant ist das Teatro Dimitri zugleich ein beliebtes Ausflugsziel, was auch mit dem Museo Comico im ersten Stock des Dimitri-Theaters zu tun hat. Dort entführt eine von dem verstorbenen Kunsthistoriker Harald Szeemann kuratierte Ausstellung in die clownesken Welten Dimitris. Neben komischen Masken und Musikinstrumenten, Plakaten und Filmausschnitten, Skulpturen und Spielsachen ist dem Elefanten in vielfältigen Posen und artistischen Inszenierungen ein ganzer Raum gewidmet. Nicht von ungefähr. Der Elefant war für Dimitri ein Glücksbringer und seine Clown-Nummern mit dem sanftmütigen Dickhäuter haben in seiner Zeit beim Circus Knie Komikgeschichte geschrieben.

TIPP

Erica Bänziger aus Verscio bietet Wildkräuterwanderungen an (erica@biogans.ch).

● Teatro Dimitri, Caraa du Teatro Dimitri 10, CH-6653 Verscio
www.teatrodimitri.ch/de

Ristorante
Teatro Dimitri

Jünglingshimmel

64 Klarwelt der Seligen, Monte Verità bei Ascona

26 Meter lang und ein Durchmesser von fast 9 Metern: Das kreisförmige, aus 33 Motivgruppen zusammengesetzte Polyptychon setzt in einer Art pansexuellem Panoptikum 84 nackte Männer in Szene, die vor Gletschern und Bergseen, an Meeresstränden und auf Wiesen, in idyllischen Landschaften und wechselnden Jahreszeiten miteinander flirten. *Wie ruhen wir tief in Blüten versunken im Klarwelt-Frieden – der Wonne trunken.* Nach Jahren aufwendiger Restaurierung ist seit dem 1. April 2021 das spektakuläre Rundbild *Die Klarwelt der Seligen* wieder ein Herzstück der Dauerausstellung auf dem Monte Verità. *Hier stört kein Neid mit bösen Gedanken, weil alle reinen Herzens sind:* Mit diesen Versen kommentierte der Künstler und Schriftsteller Elisàr von Kupffer sein monumentales Werk, das er ursprünglich für das Elisarion, einen Tempel im Garten seiner Villa in Minusio bei Locarno, geschaffen hat. Dort war der Sohn einer deutsch-baltischen Adelsfamilie gemeinsam mit seinem Freund Eduard von Mayer im Jahr 1925 gelandet. Die beiden Männer verstanden sich als Gründer einer Neoreligion von Geschlechtergleichheit und Frauen- und Homosexuellenemanzipation. Ihr Klarismus sollte die Entwicklung eines Araphroditen anstoßen, der die geschlechtlichen Grenzen überwindet und eine neue Weltordnung schafft. Die 84 nackten Männer und androgynen Figuren gelten als visuelles antipatriarchales Manifest, das die aktuellen Diskussionen über Geschlechtervielfalt und Gender vorwegnimmt. Beinahe wäre es aus dem Kunstgedächtnis verschwunden. Im Rahmen seiner Recherchen zur Lebensreformbewegung stieß jedoch der Kurator und Sammler Harald Szeemann auf das Werk. Schon mit seiner Ausstellung *Die Brüste der Wahrheit* hatte der umtriebige Kunstexperte die beinahe vergessene Geschichte des Monte Verità weltweit wieder bekannt gemacht. An diesem Kreuzungspunkt von Visionen und Spinnereien, Utopien und künstlerischen Ausdrucksformen hat nun *Die Klarwelt der Seligen* einen kongenialen Platz gefunden.

TIPP

Die Casa del Tè, das Teehaus auf dem Monte Verità, lädt zu traditionellen Teezeremonien ein.

● Klarwelt der Seligen, Fondazione Monte Verità, Strada Collina 84, CH-6612 Ascona, www.monteverita.org/de

Sommertagstraum

65

Campello Monti, Valle Strona, Lago d'Orta

Sie wachsen auf 1300 Meter Höhe den Hang hinauf, drei- bis vierstöckige Häuser mit zimtfarbenen Fassaden und charakteristischen Schieferdächern. Hier, ganz am Ende des wilden Valle Strona, überrascht, wie herausgeputzt diese Häuser sind. Tatsächlich ist man in diesem Dorf schon früh zu Wohlstand gekommen. Mitte des 13. Jahrhunderts begaben sich nämlich Menschen aus dem Gomstal im Ober-Wallis, sogenannte Walser, auf Wanderschaft Richtung Süden. Sie suchten nach neuen Weiden für ihre Herden und das territoriale Management der regionalen Klöster kam ihnen entgegen. Die Mönche im Kloster von Arona erkannten nämlich die Gunst der Stunde und schlossen mit den Neuankömmlingen Erbpachtverträge auf den klostereigenen Böden im Stronatal ab. Die Walser investierten in Grund und Boden, sorgten für reichhaltige Ernten, was höhere Abgaben für die Klosterherren bedeutete. Wie in Campello Monti wurde diese Verbindung von klerikalen Besitztümern mit siedlungshungrigen Walsern auch an anderen abgelegenen Orten der Alpen zum Erfolgsmodell. Die Walserkultur ist bis heute in Kampell, wie das Dorf in Tizschu, dem alemannischen Dialekt, heißt, lebendig. Die Namen der tiefer gelegenen Dörfer im Tal, Fornero, Forno, Foderia, Alpe Prato Ferraio und Minerola, erzählen von einer weiteren Wohlstandsquelle, der Metallgewinnung und -verarbeitung. Über Jahrzehnte boten die Erze aus einer Nickelmine oberhalb von Campello Monti den Dorffamilien lukrative Arbeitsplätze. Nach der Schließung der Bergwerke im Jahr 1949 entvölkerte sich Campello Monti. Aber in den Sommermonaten kommen viele der Auswanderer in das Bergdorf mit seinem besonderen Flair zurück, wie auch die alpinen Touristen, die von hier aus auf die Grande Traversata delle Alpi aufbrechen und eine neue Einkommensquelle bringen. Aber wenn dann der Winter einbricht, wird es sechs lange Monate zu einem Geisterort, verlassen von allen Bewohnern und isoliert unter einer Schneedecke.

TIPP

Das Albergo Nigritella ist ein Traditionshotel und nicht nur deshalb ein charaktervoller Platz.

● Campello Monti, I-28897 Valle Strona, Verbano-Cusio-Ossola

Resonanzraum

66 Chiesa di San Giovanni Battista, Mogno, Vallemaggia

In hässlichen Kirchen lässt sich schlechter beten. So die lapidare Aussage eines Experten für die Inszenierung des Sakralen, des Schweizer Stararchitekten Mario Botta, der mehr als 25 Orte der Stille, der Mediation und des Gebets weltweit geschaffen hat. Nicht nur Kirchen und Kapellen, sondern auch Gotteshäuser anderer Religionen wie die Cymbalista-Synagoge in Tel Aviv, eine Moschee im chinesischen Yinchuan oder eine Kirche in Südkoreas Hauptstadt Seoul. Das kleine Gotteshaus in Mogno, einer begehbaren Skulptur ähnlich, gehört jedoch zu seinen ganz besonderen, international beachteten Erfolgen, den eine Naturkatastrophe erst möglich machte. Im April 1986 traf nämlich den kleinen Weiler ein verheerender Lawinenabgang und verschüttete die alte Pfarrkirche aus dem 17. Jahrhundert und viele Häuser im Ort. Bottas Entwurf für einen Neubau spaltete die Gemüter. Was die einen als Zumutung und Provokation sahen, war für die Entscheider ein geniales Meisterwerk. Der elliptische Bau wirkt wie ein perfekter Zylinder, der sich allmählich zum Dach hin in einen Kreis verwandelt. Abwechselnde Schichten aus weißem Peccia-Marmor und grauem Riveo-Granit schaffen geschichtete Mauern und Bögen mit markantem Hell-Dunkel-Kontrast. Das eingesetzte Glasdach sorgt für sich stetig veränderndes magisches Licht, ein fensterloses Kirchenschiff mit beinahe hypnotischer Wirkung, das auch bewusst kahl gehalten ist und lediglich zwei Holzbänken für gerade einmal 15 Besucher Platz gibt. Symmetrische und futuristische Linien, strenge geometrische Komposition, einfache und klare Formen, wenige Materialien wie Stein, Glas und Stahl: ein Resonanzraum in spannungsvollem Kontrast zu den Rustici und Wohnhäusern in Mogno. Seine Bauten entsprächen, sagt der Architekt, *in ihrer kompakten Form wahrscheinlich dem Bedürfnis des Menschen nach Geborgenheit, einem Gefühl, das in unserer heutigen Welt, in der der Alltag immer härter wird, wieder eine der wichtigsten Anforderungen an Architektur ist.*

TIPP

Schöne Unterkunft und ein Einkehrort in der Antica Osteria Dazio am Ende des Tals in Fusio.

● Chiesa di San Giovanni Battista, CH-6696 Mogno, Gemeinde Lavizzara
www.chiesadimogno.ch

Ab ins Wasser

67 Pescone-Wasserfall, Agrano, Lago d'Orta

Was für ein Glück: Es hat mal wieder richtig geschüttet. Nach einem Regentag ist es nämlich besonders attraktiv, sich am Wasserfall bei Agrano zu vergnügen. Wenn der Pescone, der kräftigste Zufluss des Lago d'Orta, nach starkem Regen seine ganze Power zeigt und vom Mottarone talwärts donnert, werden die aus etwa 40 Meter Höhe herabstürzenden Wassermassen zur Hardcore-Dusche und das Bad in der ausladenden Gumpe zu einem kleinen Wellentanz. Es tost und rauscht und dröhnt, die Felswände verstärken als Echokammer den Sound, sodass man sein eigenes Wort nicht mehr versteht. Eiskalt ist das Wasser im sandig-felsigen Becken – ein lustvoller Temperaturschock. Die Felsen unter den Bäumen rundum laden dann zum Aufwärmen ein. So könnte es eigentlich den ganzen Tag über weitergehen: eine Rückenmassage unter der mächtigen Sprinkleranlage an der Felswand, ein paar Züge durch das natürliche Wasserbecken machen, dann wieder chillen und träumen. Aber so wunderbar das Wasserspektakel bei Agrano nach Unwettern sein kann, ist es doch gut, dass der Lago d'Orta nicht von weiteren, ähnlich heftig anschwellenden Zuflüssen wie dem Pescone gespeist wird. Denn schon ohne deren Zutun kann es passieren, dass der Pegel des Sees bei einem der durch den Klimawandel häufiger gewordenen Extremwetter in einer Nacht gleich um einen halben Meter steigt. Der Lago d'Orta hat nämlich nicht nur wenige Zuflüsse wie den Pescone, sondern auch nur einen einzigen Abfluss. Der befindet sich kurioserweise nicht im Süden, sondern an der Nordspitze des Sees in Omegna: Die Nigoglia fließt hier sozusagen falsch herum, gen Norden, auf die Alpen zu, mündet dann in den Toce und schließlich in den Lago Maggiore. Auf diesen Eigensinn ist man stolz in Omegna, was ein Zitat des Schriftstellers Gianni Rodari am Rathaus der Stadt im piemontesischen Dialekt zum Ausdruck bringt: *La Niguja la va in su. E la legg'a la femon nu* – die Nigoglia fließt aufwärts und wir machen die Gesetze.

TIPP

Der Circolo in Agrano ist drinnen wie draußen attraktiv für eine Mittagspause oder ein Abendessen.

● Pescone-Wasserfall, I-28887 Agrano
(An der Straßenbrücke in Pescone den Schildern zur Cascata folgen)

Fluchtburg mit Aussicht

68 Carmine Superiore, bei Cannobio

Kann es sein, dass eine Pandemie die Perspektiven auf Landschaft und eindrucksvolle Orte verändert? Diese Frage kann man sich in Carmine Superiore stellen. Das schöne kleine Dorf auf der Höhe über Cannobio ist nur zu Fuß über den Wanderweg Via delle Genti oder einen steinigen Fußweg von Carmine Inferiore erreichbar. Aus der um das Jahr 1000 errichteten ursprünglichen Burganlage einer Adelsfamilie ist im Lauf der Jahrhunderte der heutige Weiler entstanden, der sich um die im 14. Jahrhundert erbaute Chiesa San Gottardo herumgruppiert. Viele kommen auf diesen 300 Meter über dem See gelegenen Balkon, um die Fresken in und an der Kirche zu bewundern. Die sind erst nach langen Restaurierungsarbeiten im Jahr 2002 wieder vollständig ans Tageslicht gekommen. Und es war eine Pandemie, die vor Jahrhunderten dazu geführt hat, dass sie verborgen waren. Im annus horribilis 1630, als die Pest in Italien wütete, suchten hier oben Hunderte Menschen Zuflucht vor der Ansteckung und lösten damit einen Superspreader-Event aus. Nach und nach begannen sie zu husten und zu niesen, ihre Finger und Lippen verfärbten sich bläulich, bis sie schließlich ins Delirium fielen. Um dem ein Ende zu setzen, griff der Pfarrer der Gemeinde zu einer radikalen Desinfektionsmaßnahme und deckte die Wandfresken mit einer dicken Kalkschicht ab. Wie wir inzwischen glücklicherweise besser wissen, eine erfolglose Maßnahme. Dass das einst dicht besiedelte Dorf heute weniger belebt ist, hat andere Gründe. Die Bergbauernfamilien, die rund um den Weiler in der terrassierten Kulturlandschaft Landwirtschaft betrieben, haben Carmine verlassen, als sich das nach dem Ersten Weltkrieg nicht mehr rentierte. In den letzten beiden Jahrzehnten erlebte der Ort jedoch eine gewisse Renaissance. Einige Häuser wurden restauriert und viele Wanderer genießen heute den atemberaubenden Blick vom Vorplatz des romanischen Gotteshauses auf den Lago Maggiore.

TIPP

Beim beliebten Sonntagsmarkt in Cannobio reiht sich an der Uferpromenade Stand an Stand.

● Carmine Superiore, I-28822 Cannobio
(Liegt am Saumpfad Richtung Cannero Riviera)

Auf- und Abstiege

69

Miunchio, am Rio San Bernardino, Val Grande

Verlassene Ortschaften haben oft eine besondere Ausstrahlung. Wenn die Türen der Bauernhäuser und Ställe noch offen stehen und die verrottenden Möbel und Alltagsgegenstände auf ihre Besitzer zu warten scheinen, kann das melancholisch stimmen, traurig und nachdenklich machen oder wie ein kleines alpines Pompeji in Erstaunen versetzen. Miunchio im Hinterland von Verbania hat etwas von alledem. Verlassene Steinhäuser gruppieren sich auf dem Dorfplatz wunderschön um einen Brunnen herum, aus dem das Wasser noch immer in ein Granitbecken sprudelt, das so groß ist, dass es zu einem erfrischenden Tauchbad verführt. Eine Stele aus Stein erregt mit einer berührenden Inschrift Aufmerksamkeit: *Con felicità e solitudine! Grazie per la tua fresca e limpida acqua! 1913–2013.* Man wüsste gerne mehr, würde gerne erfahren, wer diese Plakette mit ihrem Dank für das frische und klare Wasser dort angebracht hat. Ob sich eine Geschichte dahinter verbirgt? Denn Geschichte hat dieses verfallene und so verloren wirkende Örtchen zweifellos. Es liegt an einem alten mittelalterlichen Saumpfad, der sich oberhalb des San-Bernardino-Flusses durch Kastanienwälder und vorbei an Wasserfällen durch das Tal schlängelt. Dieser Weg und der Fluss waren einst wichtige Transportrouten für Holz und alle möglichen Waren zum Lago Maggiore. Der Bernardino kommt aus dem Val Grande, heute das größte Wildnisgebiet Italiens, einst ein Zentrum der Holzwirtschaft, das Rohstoffe und Energie an den Lago Maggiore lieferte. Verbania hat seinen Status als industrielles Epizentrum auch dem Fluss zu verdanken. Dort ist der Umschlagplatz für das geflößte Holz, das aus den Hochtälern talwärts donnert und dann auf Lastkähne verladen wird, um über den Lago Maggiore zum Beispiel zur Baustelle des Mailänder Doms verschifft zu werden. Der Weiler am Berg über dem San Bernardino und die Stadt am See sind wie zwei kommunizierende Röhren, in Sichtweite miteinander verbunden – ein Spannungsfeld, dem man sich kaum entziehen kann.

TIPP

Einfach, traditionsreich und lecker: das Ristorante Donna Francesca (Antica Osteria) in Cossogno.

● I-28801 Miunchio (Vom Dorf Cossogno auf dem Saumpfad entlang des Flusses San Bernardino in Richtung Cicogna. Nach etwa 1 Std. Abstecher zum verlassenen Dorf Miunchio)

Wie ein Kind

70

Riesenbank, Monte Carza, bei Trarego

Man muss nur hochkraxeln, die Beine baumeln lassen, sich ganz dem schönen Ausblick überlassen und dann kann es losgehen mit den Tagträumen. Seit dem Sommer 2021 thront die gelbe Riesenbank 138 auf dem Monte Carza in fast 1200 Meter Höhe über dem Lago Maggiore. Die Big Bench ist das i-Pünktchen auf dem Hausberg von Trarego und Cannero Riviera. Die Idee, sich um das Kultmöbelstück zu bewerben, kam von Massimiliano Freddi und Sebastian Nicolai, die hier oben das Grotto Carza und den Abenteuerspielplatz Wonderwood betreiben. Als sie ihr Interesse anmeldeten, forderte man sie auf, einen Plan zur Umsetzung vorzulegen. Daraufhin reichten sie Fotos mit dem 360-Grad-Blick vom Monte Carza ein. Nur wenig später kam Post mit der Bauanleitung und der Bemerkung: *Was für ein himmlischer Ort!* Die Idee für die überdimensionierten bunten *Big Benches* stammt von Chris Bangle, einem Designer, der bei BMW, Opel und FIAT Automobilgeschichte geschrieben hat, und seiner Frau Catherine. Sie haben 2009 eine erste Bank auf ihrem Anwesen in der Langhe aufgestellt und damit so viel Aufmerksamkeit geerntet, dass sie ihre Idee an eine Stiftung zur Förderung des Tourismus in abgelegenen Regionen übergaben. Das löste geradezu einen Boom aus: Mittlerweile stehen fast 200 Riesenbänke an exponierten Orten im Piemont. Wer sich für eine Bank bewirbt, hat bestimmte Bedingungen zu erfüllen. Die Outdoor-Möbel dürfen nur an Orten mit besonderer Aussicht stehen, müssen zu Fuß erreichbar sein und die vorgegebenen Maße von 2 Meter Höhe und 3 Meter Breite einhalten. Die Community vor Ort muss dann für den Aufbau und die Farbe sorgen, was auf dem Monte Carza bestens funktioniert hat. Da steht nun diese Maxi-Bank in fröhlichem Gelb auf einem Bergplateau, das auch Gleitschirmflieger für ihren Start über die Weiten des Lago Maggiore nutzen. Wer auf ihr sitzt, betrachtet die Dinge aus einer neuen Perspektive und fühlt sich wieder wie ein Kind.

TIPP

Ein schöner Spaziergang führt von Trarego zu einem Wasserfall, in dem sich eine Madonna versteckt.

● Riesenbank, Monte Carza, I-28826 Trarego, www.bigbenchcommunityproject.org

Traumfabrik

71 Museo Alessi, bei Omegna, Lago d'Orta

Dicht an dicht Vitrinen aus Glas, die transparenten Archivschränken ähneln und sich mit wuchtigen Schwungrädern öffnen lassen. Daneben tiefe Industrieregale, Sideboards und Tische, übervoll mit 100 Jahren Designgeschichte. Hier hat das Unternehmen Alessi, das im Jahr 2021 seinen runden Geburtstag gefeiert hat, seine einzigartige Produkthistorie versammelt. Objekte und Prototypen, Zeichnungen, Fotografien, Presseschauen, monografische Veröffentlichungen, Zeitschriften und Kataloge dokumentieren ein Jahrhundert italienischer Formgestaltung. Auch wer sich nicht für Design interessiert, ist bestimmt schon einmal einem Designklassiker von Alessi begegnet: dem Wasserkocher 9093 von Michael Graves mit dem verspielten Vogel auf der Tülle, der Zitruspresse Juicy Salif, dem berühmten Türstopper in Form einer kauernden Person von Philippe Starck oder dem Korkenzieher mit dem ausgeschnittenen Gesicht von Alessandro Mendini. All diese Ikonen sind im Museo Alessi in ihrer Entwurfs- und Produktgeschichte zu bestaunen. So auch die Papierserviette von Philippe Starck, der zu einem Mittagessen an der Amalfiküste einen Teller Calamari bestellte, den Kellner um ein wenig mehr Zitrone bat, die er beim Auspressen eher auf dem Tisch als über der Mahlzeit verteilte. Und seinen Geistesblitz dazu auf einem kleinen Papiertuch skizzierte: Aus dem Oktopus wurde eine Saftpresse. Die FAO, die 1921 gegründete Fratelli Alessi Omegna, kooperiert mittlerweile – heute in der dritten Familiengeneration – mit 500 weltweit renommierten Designern. Alessi, das ist kein normales Unternehmen, sondern eher ein Forschungslabor für angewandte Kunst, das die Gesetze maschineller Massenproduktion in handwerkliche Exzellenz made in Italy übersetzt. Ein Entwurf hat hier nur eine Chance, wenn er vier Parametern gerecht wird: Funktion, Emotion, Statuskommunikation und Preis. Die diesen Design-TÜV nicht bestehen, finden – neben den Ikonen – ebenfalls im Museum ihren Platz.

TIPP

Das Canottieri in Omegna ist ein Café und Restaurant am Wasser und bietet als Extra einen Hausstrand.

● Museo Alessi, Via Privata Alessi 6, I-28887 Omegna-Crusinallo

Zusammenhalt

72 Bordei, Centovalli

Vor der Osteria stehen plaudernd ein paar Leute unter der Pergola. Kühe muhen, Schafe und Ziegen weiden in kleinen Parzellen, Hühner und Enten wuseln durch die engen Seitengassen. Die typischen Centovalli-Steinhäuser mit ihren fein gegliederten Fassaden und Steindächern sind von Gemüsegärten und Blumenbeeten umgeben. Das Ganze ist ein pittoreskes Gesamtkunstwerk und eines der schönsten Dörfer des Tessins. Bordei lebt. Weshalb es seit dem Jahr 2009 zum Inventar der *Schützenswerten Ortsbilder der Schweiz* gehört. Kaum vorstellbar, dass der in 780 Meter Höhe gelegene Weiler im Centovalli oberhalb von Palagnedra vor Jahren ein Geisterdorf war, in dem nur noch wenige Senioren lebten, Bäume durch eingestürzte Dächer wuchsen und der Verfall aus allen Ritzen atmete. Als der angehende Sozialarbeiter Jürg Zbinden vor 50 Jahren in dieses Dorf kam, war er von dessen magischer Ausstrahlung überwältigt. Auswanderung, Überalterung, Niedergang, und jetzt? Der Sozialarbeiter gehört zur 68er-Generation, die psychisch Kranke aus den Kliniken und dissoziale Jugendliche aus den Heimen holt. Um was zu machen? Ein Dorf wieder aufzubauen. Zbinden hatte den Mut, den verlorenen Weiler für 5000 Franken zu kaufen, um dann 30 Millionen aufzutreiben und damit Ruinen und eingefallene Dachstühle in neuem Glanz erstrahlen zu lassen. Mit einem Freund gründet er die Stiftung *Terra Vecchia*, er treibt Budgets und Sponsoren auf und saniert mit einer therapeutischen Gemeinschaft von drogenabhängigen Jugendlichen Jahr um Jahr ein Haus nach dem anderen. Sie verwenden, wann immer das möglich ist, die gleichen Materialien wie die früheren Generationen und holen sich Rat und Hilfe bei einheimischen Handwerkern. So wiederersteht auch die Osteria, wo man nun wahlweise an Holztischen vor dem alten, riesigen Kamin oder draußen auf der Terrasse am Bach Tessiner Spezialitäten genießt. Jürg Zbinden schreibt in Bordei Denkmalschutz- und Sozialtherapiegeschichte.

TIPP

Eine stimmungsvolle Rast am Dorfplatz bietet die Antica Osteria del Ghiridone in Palagnedra.

● CH-6657 Bordei, Centovalli, www.terravecchiabordei.ch/de (Auto: Etwa 2 km zur Seilbahnstation Verdasio-Rasa, links ab nach Palagnedra, Parkplatz: kurz vor Bordei rechts; zu Fuß: Seilbahn Verdasio-Rasa, dann Wanderung, 1–1,5 Std.)

Geheimnisvoll

73 Park und Villa Giulia, Verbania-Pallanza

Die Villa umgibt ein ähnliches Geheimnis wie das Produkt, das ihre Erbauer wohlhabend gemacht hat: Fernet Branca. Seit 1845 schreibt dieser beliebteste italienische Likör dank eines einzigartigen und immer noch geheimen Rezeptes eine Erfolgsgeschichte made in Italy. Und hat die Gebrüder Branca mit ihrer Brennerei Fratelli Branca Distillerie in Mailand zu vermögenden Leuten gemacht. Der Erfinder des Likörs, Bernardino Branca, leistete sich im Jahr 1847 eine repräsentative Villa in Pallanza, die sein Sohn in den folgenden Jahren verschönerte und zum See hin ausbaute. Was allerdings nicht so recht gelang, denn im Jahr 1879 stürzte ein Teil des Gebäudes in den See – mitsamt einer majestätischen Freitreppe, die heute in besonderen Trockenperioden zum Teil noch sichtbar ist. Um ein solches Unglück zukünftig zu verhindern, ließ der Mailänder Architekt Giuseppe Pirovano den Seegrund ausheben und bearbeiten. Nun steht die Villa auf festem Grund, eine Basis für weitere bauliche Inszenierungen: eine Bootsanlegestelle mit Terrasse und Pergola, ein Park im englischen Stil mit künstlichen Grotten, eine den ganzen Komplex umlaufende Veranda mit Säulen und Loggien auf allen Etagen.

TIPP

Auf dem Samstagsmarkt in Intra ist wirklich fast alles zu haben.

Mitte der 1930er-Jahre erwarb die regionale Tourismusorganisation das imposante Anwesen und etablierte in ihm das städtische Casino und einen legendären Kursaal für Musik- und Tanzveranstaltungen. Seit dem Jahr 1987 ist die Gemeinde Verbania Besitzerin des Parks und der Villa mit ihrem ausstrahlungsstarken Ambiente und machte daraus das Centro Ricerca Arte Attuale. Die Villa Giulia wird heute für Konzerte, Ausstellungen und kulturelle Veranstaltungen und nicht zuletzt auch Hochzeiten genutzt und das Café im öffentlichen Park ist ein besonders schöner Ort für lauschige Treffen am See. Dort schaut auch die Büste von Arturo Toscanini auf die gegenüberliegende Isolino di San Giovanni, einst die regelmäßige Sommerfrische des Komponisten.

● Villa Giulia und Park, Via Vittorio Veneto 6a, I-28922 Pallanza

Transhumanz der Bücher

74

Büchermarkt Alpe Colle, bei Oggebbio

Jahrelang zogen sie mit historischen Büchern, antiquarischen Preziosen, Karten und Atlanten über die Flohmärkte des Piemont, hatten in Mailand, Turin und Genua ihre Stammkundschaft. Dafür hatten sie eine dreirädrige Ape zu einem mobilen Buchladen umgebaut. So wurden Marco Tosi und Filippo Terzi aus Verbania zum Geheimtipp in der bibliophilen Community. Dann brachten sie mit der Libreria Spalavera neues kulturelles Leben in die Via Ruga im Stadtzentrum von Pallanza. Und seit einigen Jahren hat ihre Wandertätigkeit in Sachen gebrauchter und historischer Bücher noch einen weiteren Ort bekommen: auf der Alpe Colle, wo Marco mit seiner jungen Familie auf 1200 Metern Höhe lebt. Hier ist er aufgewachsen, hat hautnah das allmähliche Sterben des ländlichen Raums miterlebt, die Abwanderung und das Ende der alpinen Almwirtschaften. Wieso können nicht die Bücher dorthin wandern, wo früher die Menschen mit ihren Herden herumgezogen sind? Transhumanz der Bücher nennen die beiden Buchhändler ihre Gründungsidee eines alpinen Büchermarkts. Der wird nun von Juni bis September an jedem Wochenende mit begleitenden Kulturveranstaltungen, Lesungen und Konzerten lebendig. Wobei nicht nur der Geist auf seine Kosten kommt, sondern auch Leib und Seele. Auf einem kleinen Erzeugermarkt bieten nämlich regionale Produzenten Bier, Käse, Marmelade und Obst zum Verkauf. Ausflügler machen nun sonntags gerne auf der Alpe Colle Station, Wanderer schauen zu einem Imbiss auf dem Büchermarkt vorbei oder Wissenshungrige, die die Befestigungen der historischen Verteidigungslinie Cadorna in der Nähe besichtigt haben. Bücherkultur Open Air und im Gebirge: Marco und Filippo sehen sich auch als Klimapioniere. Der Klimawandel werde mit der globalen Erwärmung die Wanderungsbewegung umkehren, die Menschen aus den tieferen Ebenen in die kühlen Berge fliehen lassen, davon sind sie überzeugt. Und damit man da oben ebenfalls gut zurechtkommt, gehen der Buch- und Erzeugermarkt schon einmal einen Schritt voraus.

TIPP

Aussichtsreiche Wanderung von Piancavallo auf einer alten Militärstraße zur Cima di Morissolo.

● Alpe Colle, Strada Cadorna, I-28824 Oggebbio

Giuseppe Raimondi
GIUSEPPE RAIMONDI
LE DOMENICHE
D'ESTATE
MONDADORI

Monumentalbaum

75 Ulme in Mergozzo, Lago di Mergozzo

Das Symbol von Mergozzo ist innen hohl, doch es lebt. Über 400 Jahre alt und von einem Stahlgerüst gehalten, dominiert eine Ulme den zentralen Platz des pittoresken Örtchens am gleichnamigen See. Die Ulme, in deren hohlem Stamm sich die Sommerfrischler gerne ablichten lassen, ist in historischen Dokumenten aus dem 17. Jahrhundert bereits erwähnt und auch in der Liste der monumentalen Bäume des Piemont hat sie einen Platz. Es gab sie schon, als in ihrem Schatten die Steinbrecher den weißen Granit vom Montorfano und den rosa Marmor aus Candoglia in die Lastkähne in Richtung Mailänder Dom verluden. Davon erzählt das Ecomuseo del Granito im Ort. Mergozzo ist heute ein Hotspot für Wasserratten. Denn der See gilt als einer der saubersten Italiens. Das liegt nicht nur daran, dass es keine Industrieanlagen und eine funktionierende Kanalisation gibt und außerdem Motorboote verboten sind. Es sind auch die besonderen chemischen und mineralogischen Eigenschaften des Sedimentgesteins, die für die geringe Auswaschung von Mineralsalzen sorgen und dem Wasser eine einzigartige Transparenz verleihen. Für Kanuten, Windsurfer und Sportfischer, Schwimmer und Sonnenanbeter ist der Lago di Mergozzo daher ausgesprochen attraktiv. Viele von ihnen versäumen es nicht, sich in der lokalen Pasticceria mit der Fugascina di Mergozzo zu versorgen. Dieses harte, bröckelige quadratische Gebäck ist eine regionale Delikatesse, was seit einem Beschluss des piemontesischen Regionalrats vom 15. April 2002 auch amtlich ist. Seitdem gilt die Fugascina offiziell als traditionelles Lebensmittel. Butter, Zucker, Mehl, Eier, Marsala, Zitrone und Backpulver: Daraus entsteht ein dünner goldgelber Teig, der von Hand ausgerollt in den Ofen kommt. Danach wird er in kleine Quadrate geschnitten, weshalb er sich gut als Snack und Zwischenmahlzeit am Strand eignet. Nach Mergozzo lockt nicht nur die historische Ulme, sondern auch die Quadratur des Teiges.

TIPP

Die Cooperativa Agricola Allafonte in Verbania Fondotoce hat regionale Produkte im Angebot.

● Ulme in Mergozzo, Piazza Vittorio Veneto 1, I-28802 Mergozzo

0 - 24
fuori dagli spazi

Mississippi am Lago

76

Laghetasc di Brebbia, bei Brebbia

Wenn man zum Laghetasc di Brebbia spaziert, sollte es zuvor am besten kräftig geregnet haben, denn dann erst entfaltet dieses kleine Naturwunder seinen ganzen Charme. In dem Teich auf einem kleinen Hügel zwischen Brebbia und Ispra sieht es aus wie in Louisiana und dem Mississippi-Delta: Riesige Sumpfzypressen versenken hier ihre seltsamen Wurzeln wie Elefantenbeine im Wasser. Diese Riesen, die bis 40 Meter hoch und 1000 Jahre alt werden können, lieben das Wasser und feuchte Umgebungen. Um hinreichend Sauerstoff zu haben, atmen sie über Lungen an der Basis ihres Stammes, sogenannten Pneumatophoren, die an die Füße von Dickhäutern erinnern. Die Sumpfzypresse ist ein laubabwerfender Nadelbaum mit einer ganz besonderen Ausstrahlung zu allen Jahreszeiten. Im Winter spiegeln sich die kahlen Riesen im Wasser, im Herbst reflektiert es ihr rötlich ockerfarbenes Laub, im Frühling und Sommer sehen sie fast ein wenig nach Dschungel aus. Der Laghetasc – im lokalen Dialekt die Bezeichnung für Pfütze – hat einen lehmigen Untergrund, weshalb er lange das Wasser halten kann. Diese Eigenschaft brachte Mitte des 19. Jahrhunderts den Besitzer des Waldgebietes dazu, es mit der Anpflanzung von eigentlich in den Vereinigten Staaten heimischen Bäumen zu versuchen. Inzwischen hat die Provinz Varese diese hydrophilen Bäume von majestätischer Schönheit als Naturdenkmal unter besonderen Schutz gestellt. Wer von den Stränden in Ispra und den grünsatten Ufern des Parco della Quassa kommend in das Pfützenambiente bei Brebbia kommt, fühlt sich in eine Landschaft jenseits des Atlantiks versetzt. Das fast surreale Szenario wirkt zugleich imposant und grazil, wuchtig und verspielt. Dass in der Vergangenheit in der Nähe des verwunschenen Feuchtgebietes Reste historischer Pfahlbauten gefunden wurden, passt ins Bild. Mississippi am Lago Maggiore liegt in einem bunten Mischwald und ist zu einem Hotspot für Fotoamateure geworden.

TIPP

In Brebbia erzählt eine Pfeifenmanufaktur mit angegliedertem Museum die Geschichte dieser Rauchkultur.

● Laghetasc di Brebbia, I-21020 Brebbia (Zu Fuß: in Brebbia die Via Al-Laghetasc nehmen, an deren Ende etwa 20 Min. über einen sich durch den Wald schlängelnden Pfad laufen)

Strandgeschichten

77 Badeufer, Angera gegenüber Arona

Sittin' on the dock of the bay: Wäre Otis Redding Italiener gewesen, hätte sein Welthit aus dem Jahr 1968 von diesem Strandabschnitt inspiriert sein können. Die geschichtsträchtige Uferzone ist nicht nur ein perfekter Badeplatz, sondern ein auratischer Ort für Tagträume und historisches Kopfkino. Arona und Angera liegen sich hier gegenüber und nur 1200 Meter trennen die Gestade der Lombardei von denen des Piemont, was jedes Jahr über 1000 Wasserratten zur Teilnahme an der legendären Traversata del Lago motiviert. Dann ist der muschelübersäte Strand voll von Schwimmerinnen und Schwimmern, die mit ihren gelben Markierungsbojen auf den Startschuss warten. *Sittin' in the morning sun*: Die von der Morgensonne illuminierte Rocca di Angera wacht auf der Anhöhe über dem Strand und drüben auf dem Hügel über Arona hält der monumentale San Carlo seine schützende Hand über den See. Wir sind im Borromäer-Land auf dem Territorium einer ehemaligen Herrscherfamilie, die über Jahrhunderte das für Handel und Krieg bedeutende Nadelöhr des Lago überwachte. An der Einfahrt der einstigen Ticino-Logistikroute ist gerade diese Engstelle zwischen Arona und Angera für den Schiffsverkehr Richtung Mailand und Po von strategischer Bedeutung. Zwei Städte, die ihren Wohlstand der Kontrolle von Transportwegen verdanken: Seit der Römerzeit hat sich Angera zu einem wichtigen Seehafen entwickelt, der vom Handel Richtung Gotthard-, Splügen- und San-Bernardino-Pass profitiert. In Arona halten noch heute die Trans-Europa-Züge Richtung Mailand und nutzen historische Trassen, die einst den Simplonpass mit Genua, Turin und der lombardischen Metropole verbanden. *I'll be sittin' when the evening comes:* Die Schwimmerinnen und Schwimmer der Traversata steigen ermattet aus dem Wasser. Das laue Sommerlüftchen macht den zahlreichen Zuschauern Lust darauf, selbst ein erfrischendes Bad zu nehmen. Und danach, Angera oder Arona – wo soll man nur den Abend verbringen? Wie beglückend, hier die Wahl zu haben.

TIPP

Grappa und Bitterliköre vertreibt seit 160 Jahren die Distilleria Rossi d'Angera (Via Puccini 20).

● Lido di Angera, I-21021 Angera (Am nördlichen Ende der Uferpromenade von Angera unterhalb der Viale Libertà)

Traumfiguren

78

Ronco, bei Cannobio

Neben einem Brunnen stützt sich eine scheu wirkende ältere Frau mit gesenktem Kopf auf einen Stock. In der anderen Hand hält sie einen Strauß mit Wiesenblumen. Um die Ecke kauert auf einer Fensterbank ein in die Jahre gekommenes Paar. Mit ihren zu groß geratenen Sonnenbrillen und in ihren Badeanzügen sehen sie aus, als müssten sie sich gegenseitig Mut machen, um den Sprung in den See zu wagen. Noch ein Stück weiter, an einer Weggabelung, steht ein kleiner Mann und reckt grinsend seine überlangen Arme in die Luft. Gar nicht weit weg von ihm hat ein Landarbeiter mit dickem Bauch und Schnurrbart einen Unterstand gefunden. Willkommen in Ronco. In dem kleinen Dorf oberhalb von Cannobio löst an jeder Ecke eine andere, meist bunt bemalte Holzfigur Neugier und Erstaunen aus. Eng und verwinkelt ist es hier, aber die Steinhäuser wirken fast alle bewohnt, sind mit viel Liebe zum Detail restauriert und die Panoramablicke über den See sind einmalig. Auf einer Mini-Piazza steht ein kleiner Tisch mit Stühlen, die wohl einmal als Traktorensitze ihren Dienst getan haben. Daneben hockt wieder so eine eindrucksvolle Holzfigur: eine Frau mit Strickzeug, deren breites Grinsen nicht so recht zu ihrem langen lilafarbenen Kleid und ihrem schwarzen Kopftuch passt. Man ist versucht, sich zu ihr zu setzen und mit ihr zu plaudern, sie ein wenig auszufragen. Der Schöpfer dieser Kunstarena unter freiem Himmel lebt selbst im Dorf. Aleino Santo ist als Kind mit seinen Eltern aus Sizilien kommend über Umwege im benachbarten Cannero Riviera gelandet, um später in das Dorf in der Höhe von Cannobio zu ziehen und das verwinkelte Ensemble von Häusern und Gassen mit seinen hölzernen Charakterköpfen und minimalistischen Installationen aus Metall in einen Kunstraum zu verwandeln. Das artistische Multitalent gehört zu einer Gruppe von Neusiedlern, Deutschen, Schweizern und Italienern, die – wie im Nachbardorf Formine – einen fast verlassenen Ort wieder zum Leben erweckt haben.

TIPP

Zwischen Cannobio und Traffiume sprudelt die Fonte Acqua Carlina, an der sich jeder bedienen kann.

● I-28822 Ronco bei Cannobio (von der Schweiz kommend kurz vor Cannobio rechts ab nach Ronco, das nach 1 km in der Höhe erreicht ist. Die letzten Meter zu Fuß ins Dorf)

Auf richtigen Bahnen

79

Weltweit älteste Minigolfanlage, Ascona

Am 19. März 1954 eröffnete nach zweijähriger Planung in Ascona die erste genormte Minigolfanlage der Welt und machte es damit möglich, dass auch Menschen, die keine 50 Hektar für einen richtigen Golfplatz zur Verfügung haben, spielerisch darum konkurrieren, wer mit den wenigsten Schlägen einen kleinen Ball in einem Loch versenkt. Zwar ist schon in den 1920er-Jahren in Amerika das Zwerggolf entstanden – auf mit Linoleum belegten Bretterbahnen und mit Türmen, Figuren und Fantasieaufbauten als Hindernissen. In London vergnügte man sich auf Rasenanlagen in öffentlichen Parks. Aber keiner dieser improvisierten und ganz uneinheitlichen kleinen Golfplätze ließ Wettspiele zu. Im Jahr 1953 fand der Schweizer Gartenarchitekt Paul Bongni eine Lösung, die der kreativen Vielfalt ein Ende setzte und das Kleingolf auf geregelte Bahnen brachte. 17 von ihnen sind 12 Meter lang und 1,25 Meter breit und jede von ihnen ist so konzipiert, dass sie sich mit einem Ass, mit einem einzigen Schlag, bewältigen lässt. Nur eine Bahn für einen Weitschlag erinnert noch an das Vorbild des Großgolfs. Vor allem in der Schweiz, in Österreich und Italien löste dieses standardisierte Setup einen kleinen Minigolf-Hype aus. 1959 fanden im italienischen Gardone Val Trompia die ersten Europameisterschaften statt und seit 1991 kommen die Ballartisten alle zwei Jahre regelmäßig zu Weltmeisterschaften zusammen. Spitzenspieler haben bei Turnieren etwa 100 bis 300 verschiedene Bälle im Gepäck, die sich nach Härte, Oberfläche, Gewicht und Sprunghöhe unterscheiden. Dazu ist je nach Wetterbedingungen ein besonderes Tuning angesagt: Abkühlen im Eisschrank oder Erwärmung im Thermokoffer sind geläufige Präparierungsmethoden. Solche Optimierung kommt den Freizeitminigolfern auf den Bahnen in Ascona allerdings kaum in den Sinn. In der gepflegten Parkanlage kann man unter Palmen und Schatten spendenden Bäumen von April bis Oktober einfach nur Spaß haben. Und von Glück sagen, wenn auch einmal ein Ass gelingt.

TIPP

Traditionsreiches Antiquariat und Buchhandlung Libreria della Rondine in der schönen Casa Serodine.

● Minigolf Ascona, Via Circonvallazione, CH-6612 Ascona

Plastisch

80 Internationales Keramikmuseum, Cerro bei Laveno

Von außen ist die Renaissancevilla aus dem 16. Jahrhundert eher unscheinbar, aber der Innenhof entpuppt sich als architektonische Perle: Ein begehbarer doppelter Kreuzgang verleiht dem Palazzo Perabò im kleinen Küstenort Cerro bei Laveno eine besondere Aura. Hier finden in den Sommermonaten Musik-Performances und Open-Air-Kino statt. Aber noch mehr Besucher zieht die Keramik im Museum des Palazzo Perabò an, dem Museo Internazionale Design Ceramico – MIDeC, das mit seiner Sammlung auch an die einst bedeutsamen Keramikmanufakturen in der Region erinnert. Pozzi-Ginori: In den meisten italienischen Haushalten fanden sich auf der Sanitärkeramik die Firmennamen der hier früher ansässigen Unternehmen. Die Keramikindustrie sollte die Stadt am See für das gesamte 19. und einen Großteil des 20. Jahrhunderts prägen und in der erfolgreichsten Zeit mehr als 1500 Menschen beschäftigen. Im Jahr 1997 ging diese Ära zu Ende und nach 141 Jahren schloss das letzte Unternehmen der Industriekeramik in Laveno. Im Jahr 1968 erwarb die Gemeinde Laveno den Palazzo, um dort die Keramiksammlung mit einem Mix von Kunstwerken aus Porzellan und Alltagsgegenständen aus Steingut zu präsentieren und so die Tradition des Städtchens im kollektiven Gedächtnis zu behalten. Von Raum zu Raum unternimmt man einen Rundgang durch die Stile und Moden der vergangenen Jahrhunderte: Ausgestellt sind Vasen und dekorative Schirmständer im floralen Stil oder Tafelgeschirr im von geometrischen Motiven geprägten Art-déco-Stil, außerdem Kunstobjekte mit klaren, eleganten Linien oder Wandteller mit Stillleben und Landschaften, auch historische Figuren in Lebensgröße. In den letzten Jahrzehnten wurde die Sammlung noch durch Werke zeitgenössischer Künstler bereichert. Das Museum lobt auch regelmäßig eine nationale Auszeichnung für die Kreation eines keramischen Design- und Gebrauchsobjektes aus und ist daher immer ganz nah dran an den Trends.

TIPP

Pizzeria Croce Bianca auf der Piazza von Cerro: leckeres Essen bei traumhafter Lage.

● Museo Internazionale Design Ceramico – MIDeC (Internationales Keramikmuseum), Lungolago Perabò 5, I-21014 Cerro di Laveno Mombello, Tel. +39 03 32 62 55 51

Bibliografische Informationen der Deutschen Nationalbibliothek
Die Deutsche Nationalbibliothek verzeichnet diese Publikation in der Deutschen Nationalbibliografie; detaillierte bibliografische Daten sind im Internet über http://dnb.d-nb.de abrufbar.

Konzeption/Satz: Droste Verlag, Düsseldorf
Einbandgestaltung und Illustrationen: Britta Rungwerth, Düsseldorf, unter Verwendung von Bildern von © Fotolia.com: jd – photodesign.de; © iStock: Plociennik Robert
Fotos: Christoph Potting, außer:
Diana Agostinelli, Vareseguida: S. 159; Rolf Beckmann: S. 79; Fondazione MonteVerità: S. 135; Libreria Spalavera, Pallanza: S. 155; Museo Regionale delle Centovalli e del Pedemonte, Intragna: S. 123; Museo del Paesaggio, Pallanza: S. 131; Stock.adobe.com: S. 115 (Alessio); Ticino Turismo: S. 49, 73, 119, 127
Wir danken Ticino Turismo für die Unterstützung bei der Recherche und der Bereitstellung von Fotos.

FSC www.fsc.org MIX Papier aus verantwortungsvollen Quellen FSC® C011279

Druck und Bindung: LUC GmbH, Greven
ISBN 978-3-7700-2398-1

www.droste-verlag.de